Musica AI: Guida Pratica alla Creazione di Brani Originali con SunoAI

Indice

Conclusione

Introduzione

La musica ha sempre rappresentato un linguaggio universale, capace di comunicare emozioni, raccontare storie e connettere le persone al di là delle barriere culturali. Oggi, grazie ai progressi nel campo dell'intelligenza artificiale, questa forma d'arte si sta reinventando, aprendo nuove strade per compositori e creativi. "Musica AI: Guida Pratica alla Creazione di Brani Originali con SunoAI" nasce dall'esigenza di esplorare un territorio in cui tecnologia e creatività si intrecciano, offrendo strumenti innovativi per dare vita a composizioni musicali inedite partendo da semplici suggerimenti testuali.

Il cuore di questa guida è SunoAI, una piattaforma che trasforma un prompt scritto in autentici brani musicali. Questo strumento all'avanguardia permette di superare i limiti imposti dalle tecniche tradizionali, dando a chiunque la possibilità di esprimere la propria visione artistica in modo intuitivo e originale. L'esperienza di utilizzo di SunoAI si configura come un viaggio di scoperta, in cui ogni suggerimento diventa il punto di partenza per una creazione musicale unica. L'obiettivo della guida è fornire una panoramica completa, non solo illustrando il funzionamento tecnico dello strumento, ma anche approfondendo le implicazioni che l'intelligenza artificiale ha nel mondo della musica.

All'interno delle pagine che seguono, verranno analizzate le trasformazioni radicali che l'AI ha apportato al processo creativo, mettendo in luce come la tecnologia possa fungere da alleata per artisti e produttori musicali. La guida si propone di essere uno strumento pratico e accessibile, in grado di accompagnare l'utente dalla prima idea fino alla realizzazione di un brano finito, pronto per essere diffuso su piattaforme digitali. Un'attenzione particolare è dedicata all'equilibrio tra testi e musica, elemento fondamentale per creare canzoni che siano in grado di emozionare e coinvolgere il pubblico.

Il percorso illustrato in questo manuale affronta in maniera dettagliata diverse fasi della creazione musicale. Partendo da una solida introduzione alla rivoluzione dell'intelligenza artificiale nel settore, il lettore verrà guidato attraverso esempi pratici e suggerimenti per sfruttare al massimo le potenzialità di strumenti come SunoAI e ChatGPT. Le tecniche per la scrittura di testi originali, combinate con quelle per la generazione di melodie e arrangiamenti, verranno presentate in modo chiaro e progressivo, rendendo il percorso fruibile anche per chi si avvicina per la prima volta al mondo della musica digitale.

Ogni capitolo è stato strutturato per offrire una visione a 360 gradi del processo creativo, includendo suggerimenti pratici, analisi di casi di successo e strategie di promozione. Verrà spiegato come pianificare e realizzare una composizione, come integrare il lavoro dei testi generati con le tracce musicali e come ottenere il massimo impatto dal proprio lavoro attraverso una distribuzione mirata su piattaforme come Spotify, Apple Music e YouTube. La guida non si limita all'aspetto creativo, ma affronta anche le sfide economiche e di marketing, offrendo strumenti e strategie per la monetizzazione dell'arte musicale in un mercato sempre più competitivo.

In un'epoca in cui la tecnologia è al centro della trasformazione artistica, questa guida intende fornire una bussola per navigare il nuovo panorama musicale. La fusione tra intelligenza artificiale e creatività umana apre scenari sorprendenti, dove la sperimentazione e l'innovazione diventano le chiavi per dare vita a opere d'arte contemporanee. Ogni sezione del manuale è studiata per stimolare l'immaginazione e favorire la sperimentazione, trasformando le potenzialità offerte dalla tecnologia in risultati concreti e apprezzabili.

Il lettore troverà al suo interno non solo nozioni tecniche, ma anche spunti e ispirazioni per sviluppare un proprio stile distintivo. Il percorso illustrato in questa guida rappresenta una vera e propria sfida creativa, che spinge a superare i confini convenzionali della composizione musicale. Questa è un'occasione per apprendere e sperimentare, trasformando l'idea di creare musica in un processo dinamico e innovativo, capace di adattarsi alle esigenze di un'epoca in continua evoluzione.

L'esperienza offerta da "Musica AI: Guida Pratica alla Creazione di Brani Originali con SunoAI" si configura come un invito ad abbracciare il cambiamento e a riscoprire il potere creativo che risiede in ognuno di noi, sfruttando al meglio le tecnologie del nostro tempo per dare voce a nuove e affascinanti melodie.

Capitolo 1: Introduzione all'Intelligenza Artificiale nella Musica

1.1 La nascita della musica AI

La nascita della musica AI rappresenta un punto di svolta nel mondo della composizione musicale, unendo l'arte della creazione sonora alla potenza delle tecnologie computazionali. Questo paragrafo esplora le origini e le prime applicazioni dell'intelligenza artificiale in ambito musicale, analizzando come i primi algoritmi siano stati sviluppati per replicare, in parte, i processi creativi degli esseri umani. Negli anni '50 e '60, pionieri come Lejaren Hiller e Leonard Isaacson iniziarono a utilizzare computer per comporre musica, sperimentando con sistemi che analizzavano strutture musicali preesistenti e generavano nuove sequenze in base a modelli matematici e probabilistici. Questi esperimenti, sebbene rudimentali rispetto agli standard odierni, hanno aperto la strada a un'intera disciplina che oggi coniuga algoritmi sofisticati, reti neurali e machine learning per produrre brani musicali in grado di sorprendere per originalità e coerenza. Attraverso l'utilizzo di linguaggi di programmazione e sistemi dedicati, i primi ricercatori hanno messo in luce la possibilità di insegnare a una macchina come "pensare" la musica, dando inizio a un dialogo tra l'uomo e la tecnologia che ha visto una continua evoluzione. Numerosi esempi pratici dimostrano come anche un semplice script possa, attraverso la manipolazione di dati musicali, generare sequenze armoniche o ritmiche che, seppur basate su regole predeterminate, possano essere considerate degne di uno spunto creativo. Prendiamo, ad esempio, il caso di un algoritmo che, analizzando le progressioni di accordi di brani classici, riesce a creare nuove variazioni che rispettano la logica musicale tradizionale, ma che offrono soluzioni innovative nel contesto di arrangiamenti moderni. Questa fase pionieristica ha posto le basi per l'odierna applicazione dell'AI, che ha visto l'introduzione di strumenti capaci di apprendere autonomamente da enormi dataset di brani musicali, permettendo di replicare stili, generi e persino l'espressività emotiva. Un ulteriore esempio riguarda la capacità di generare melodie a partire da input testuali o persino immagini, dove il sistema interpreta le informazioni in base a schemi preimpostati e a parametri di creatività. La musica AI non è solo un fenomeno tecnologico, ma anche culturale: ha aperto dibattiti sulla natura della creatività e sull'eventuale sostituzione dell'elemento umano nel processo artistico. Alcuni critici sostengono che l'arte autentica derivi dalla complessità delle emozioni umane, mentre altri vedono nell'AI un nuovo mezzo espressivo in grado di espandere i confini della creatività. Per comprendere appieno questa rivoluzione, è utile analizzare i principali eventi e scoperte che hanno segnato il percorso dalla sperimentazione iniziale alla diffusione commerciale. Le prime composizioni AI hanno avuto un impatto notevole nelle comunità accademiche, dove l'interesse verso l'intersezione tra arte e scienza ha stimolato collaborazioni interdisciplinari. Nel corso dei decenni successivi, l'evoluzione della potenza computazionale ha permesso di sviluppare sistemi sempre più sofisticati, capaci di elaborare dati complessi e generare output musicali di alta qualità. La nascita della musica AI si configura, quindi, come una rivoluzione silenziosa che ha lentamente guadagnato terreno nel panorama musicale globale, trasformando il modo in cui si concepisce e si realizza la musica. L'esperienza di ascolto si arricchisce di nuove sfumature e prospettive, invitando artisti e ascoltatori a ridefinire il concetto stesso di creatività. Questo percorso, ricco di sperimentazioni e innovazioni, offre numerosi spunti pratici: per esempio, sperimentare con piccoli algoritmi di generazione musicale in ambienti di programmazione come Python o utilizzare software open source che integrano modelli di machine learning per la creazione di melodie. Attraverso esercitazioni pratiche, il lettore potrà immergersi in questo universo, comprendendo come una semplice idea possa trasformarsi in un complesso tessuto musicale, dove ogni nota e ogni ritmo vengono plasmati da processi decisionali automatizzati. L'interazione con strumenti come SunoAI permette di vedere in azione questi concetti, offrendo la possibilità di modificare parametri e osservare in tempo reale le variazioni musicali ottenute. Le sperimentazioni pratiche, unitamente a studi di caso reali, illustrano il potenziale trasformativo dell'AI nella musica, dimostrando come un approccio scientifico possa coesistere con l'arte e la sensibilità estetica. Questo è solo l'inizio di un viaggio che porterà il lettore a scoprire le molteplici sfaccettature di una disciplina in continua evoluzione, in cui ogni nuova scoperta alimenta il desiderio di spingersi oltre i limiti del convenzionale.

1.2 Evoluzione tecnologica e musicale

L'evoluzione tecnologica e musicale si intreccia in un percorso storico che ha visto la trasformazione degli strumenti, dei metodi compositivi e della fruizione della musica. La storia della musica è segnata da innovazioni che hanno radicalmente cambiato il modo di creare e di ascoltare i brani, partendo dalla rivoluzione industriale fino ad arrivare all'era digitale. L'introduzione della registrazione sonora, seguita dallo sviluppo di strumenti elettronici, ha aperto nuove possibilità espressive che hanno influito sia sulla produzione artistica che sulla distribuzione commerciale. In questo contesto, la tecnologia ha sempre giocato un ruolo fondamentale nell'espansione del linguaggio musicale, permettendo a compositori e artisti di sperimentare con sonorità e ritmi mai visti prima. La convergenza tra musica e tecnologia ha accelerato il passaggio da metodi tradizionali a sistemi automatizzati e algoritmici, che oggi si integrano perfettamente con tecniche di intelligenza artificiale per dare vita a composizioni innovative. Ad esempio, la digitalizzazione ha reso possibile la manipolazione e la modifica di suoni con una precisione impensabile in passato, consentendo di creare texture sonore complesse e arrangiamenti stratificati. L'evoluzione tecnologica non ha solo cambiato il modo di produrre musica, ma ha anche influenzato la creatività e il processo compositivo. Gli artisti moderni possono attingere a una vasta gamma di strumenti digitali che offrono la possibilità di sperimentare con effetti sonori, loop e campionamenti, creando ambienti musicali ricchi di sfumature. L'integrazione con l'intelligenza artificiale porta questo concetto a un livello superiore: sistemi come SunoAI non si limitano a replicare stili esistenti, ma sono in grado di generare nuove composizioni che sfidano le convenzioni e aprono spazi di sperimentazione ancora inesplorati. Questa evoluzione è resa possibile grazie a progressi tecnologici significativi, come l'aumento della potenza di calcolo, lo sviluppo di algoritmi avanzati e l'accesso a enormi archivi di dati musicali che alimentano i modelli di machine learning. Questi fattori hanno permesso la creazione di sistemi in grado di analizzare e apprendere da migliaia di brani, identificando pattern, strutture e tendenze che vengono poi utilizzati per generare nuove opere. Un esempio pratico riguarda l'uso di reti neurali per analizzare melodie classiche e creare variazioni che rispettano le regole armoniche, ma che offrono una nuova interpretazione della composizione. Gli artisti contemporanei possono sfruttare queste tecnologie per creare musica in maniera più rapida e innovativa, integrando il proprio stile personale con suggerimenti e modelli generati dall'AI. Le innovazioni tecnologiche hanno inoltre reso la produzione musicale accessibile a un pubblico più ampio, abbattendo le barriere economiche e tecniche che in passato limitavano l'ingresso nel mondo della musica. Software e applicazioni basate su AI permettono oggi a chiunque, indipendentemente dal proprio background musicale, di sperimentare e creare brani originali. La trasformazione del processo creativo è evidente anche nella modalità di distribuzione e fruizione della musica, che si è spostata da supporti fisici a piattaforme digitali, rendendo la musica accessibile ovunque e in qualsiasi momento. Questi sviluppi hanno creato un ecosistema dinamico in cui tecnologia, creatività e innovazione si alimentano reciprocamente, favorendo la nascita di nuovi generi e stili musicali. Le applicazioni pratiche di questa evoluzione sono molteplici: dalla creazione di colonne sonore per film e videogiochi, all'uso della musica come strumento di marketing e comunicazione, fino alla sperimentazione di nuovi linguaggi artistici che integrano suoni e immagini in sinergia. Gli esempi pratici di utilizzo includono progetti collaborativi tra artisti e programmatori, che sperimentano con algoritmi per generare paesaggi sonori immersivi e interattivi, capaci di trasformare l'esperienza dell'ascolto in un viaggio multisensoriale. Queste innovazioni rappresentano una vera rivoluzione, dove l'evoluzione tecnologica si traduce in una nuova era per la musica, offrendo strumenti potenti per la creazione e la diffusione di opere artistiche. La conoscenza degli sviluppi storici e delle tendenze attuali permette di comprendere come la tecnologia stia plasmando il futuro della musica, creando opportunità senza precedenti per artisti e produttori. L'evoluzione tecnologica e musicale, quindi, si configura come un percorso dinamico in cui ogni innovazione apre nuove possibilità, stimolando la sperimentazione e la creatività. Il lettore potrà applicare questi concetti nella pratica, sperimentando con software e strumenti di composizione basati su AI e scoprendo come piccoli cambiamenti nei parametri possano portare a risultati sorprendenti. La consapevolezza di questo percorso evolutivo è fondamentale per chi desidera abbracciare il futuro della musica e sfruttare al meglio le opportunità offerte dalla tecnologia. La storia di questa evoluzione diventa così uno strumento di ispirazione, invitando ogni artista a mettersi in gioco e a trasformare le proprie idee in opere d'arte sonore. Questa parte della guida offre non solo una panoramica storica, ma anche esempi pratici e suggerimenti operativi per integrare la tecnologia nel processo creativo quotidiano, invitando a esplorare, sperimentare e innovare.

1.3 Il ruolo dell'AI nella composizione

Il ruolo dell'intelligenza artificiale nella composizione musicale si manifesta in molteplici sfaccettature, offrendo agli artisti nuovi strumenti e metodi per creare, sperimentare e perfezionare le proprie opere. Le tecnologie basate su AI permettono di automatizzare processi che, fino a poco tempo fa, richiedevano un notevole impegno umano e conoscenza tecnica. L'AI si inserisce nel processo creativo come collaboratrice, capace di suggerire melodie, armonie e ritmi che possono essere combinati e rielaborati secondo le preferenze dell'artista. Un aspetto fondamentale è rappresentato dalla capacità di analizzare enormi moli di dati musicali, individuando pattern e strutture che sono alla base della composizione. Attraverso algoritmi di apprendimento automatico, l'AI impara da brani esistenti, riconoscendo stili e tecniche compositive, per poi applicare questi insegnamenti nella generazione di nuove opere. Questo processo di "apprendimento" consente all'AI di proporre soluzioni creative che spesso sfidano il pensiero convenzionale, offrendo spunti originali per la creazione di musica. Un esempio pratico può essere rappresentato da un software che, ricevuto in input un breve frammento di melodia, è in grado di completarlo con una serie di variazioni armoniche, suggerendo diverse opzioni che l'artista può scegliere di sviluppare ulteriormente. Inoltre, l'AI può essere utilizzata per effettuare analisi complesse che aiutano a migliorare la qualità del suono, identificare eventuali incongruenze e ottimizzare il mixaggio dei brani. Queste applicazioni vanno ben oltre la semplice generazione automatica di note e ritmi: esse si estendono alla post-produzione e al mastering, offrendo soluzioni che combinano l'efficienza della tecnologia con la sensibilità artistica. L'uso di sistemi come SunoAI ha dimostrato che l'intelligenza artificiale può fungere da valido supporto per il compositore, trasformando l'atto creativo in un processo interattivo e dinamico. In questa fase, il musicista può intervenire e modificare i suggerimenti offerti dall'AI, creando un dialogo continuo tra input umano e output computazionale. Un altro esempio riguarda l'utilizzo di AI per la creazione di arrangiamenti musicali complessi: attraverso la simulazione di vari strumenti e l'analisi delle interazioni tra di essi, l'algoritmo può proporre strutture di accompagnamento che si integrano perfettamente con la melodia principale, offrendo una ricchezza sonora che amplifica l'effetto emotivo del brano. Questi strumenti permettono agli artisti di sperimentare con nuove combinazioni sonore, testando diverse impostazioni e configurazioni fino a raggiungere il risultato desiderato. L'AI, dunque, assume un ruolo di "co-creatrice", capace di amplificare la creatività umana senza sostituirla. Gli artisti possono sfruttare questa tecnologia per esplorare territori musicali sconosciuti, spingendo oltre i limiti del convenzionale e abbracciando la diversità dei linguaggi sonori. Attraverso workshop e laboratori pratici, il lettore potrà apprendere come utilizzare strumenti AI per generare melodie e armonie, confrontando diverse soluzioni e imparando a personalizzarle in base alle proprie esigenze artistiche. L'esperienza diretta con questi sistemi consente di comprendere il potenziale trasformativo dell'AI nella composizione musicale, evidenziando come l'innovazione tecnologica possa diventare un valido alleato nella ricerca di nuove forme espressive.

Le dimostrazioni pratiche mostrano come, partendo da un semplice input testuale o da un'idea di base, sia possibile creare intere composizioni che integrano variazioni ritmiche e timbriche, offrendo una versatilità che stimola la creatività e facilita l'apprendimento. L'adozione di questi strumenti rappresenta una vera e propria rivoluzione, dove ogni scelta algoritmica diventa uno strumento per affinare il processo creativo e realizzare opere musicali che rispondono alle esigenze di un mercato sempre più esigente e dinamico. La sinergia tra intelligenza artificiale e composizione musicale si configura, quindi, come un nuovo paradigma che apre la strada a innovazioni sorprendenti e offre un ventaglio di opportunità per chi desidera trasformare la propria passione in un'esperienza artistica completa e gratificante.

1.4 Benefici e sfide dell'AI in ambito musicale

L'integrazione dell'intelligenza artificiale nell'ambito musicale ha portato con sé numerosi benefici, ma anche sfide che richiedono un'attenta analisi e comprensione da parte di artisti e tecnologi. Tra i benefici più evidenti si annovera la capacità dell'AI di accelerare il processo creativo, fornendo suggerimenti e soluzioni che permettono di superare il blocco dello scrittore e di esplorare nuovi orizzonti sonori. Gli algoritmi possono analizzare enormi quantità di dati musicali in tempi brevissimi, individuando pattern che, se applicati in maniera intelligente, portano a composizioni ricche e variegate. Un esempio pratico riguarda l'utilizzo di software per generare progressioni armoniche in base a un input iniziale: l'algoritmo offre una serie di opzioni che l'artista può considerare, risparmiando ore di sperimentazione manuale. Al contempo, l'AI offre vantaggi nella fase di post-produzione, permettendo di ottimizzare il mixaggio e il mastering dei brani. Questi strumenti automatizzati consentono di ottenere una qualità sonora elevata, riducendo al minimo gli errori e garantendo una resa finale professionale. Tuttavia, la diffusione di queste tecnologie comporta anche alcune sfide significative. Uno degli aspetti più discussi riguarda il problema dell'originalità e dell'autenticità: se da un lato l'AI può generare brani che rispecchiano strutture musicali consolidate, dall'altro sorge il dubbio se la musica prodotta possa essere considerata veramente "creativa" o se si tratti di una mera rielaborazione di dati preesistenti. Questa problematica solleva questioni etiche e legali, in particolare riguardo alla proprietà intellettuale e al riconoscimento dei diritti d'autore. Le discussioni in ambito accademico e legale si concentrano sull'assegnazione di crediti e compensi quando l'AI svolge un ruolo rilevante nella creazione del prodotto finale. Un ulteriore aspetto riguarda la curva di apprendimento e l'accessibilità delle tecnologie AI: se da un lato le piattaforme avanzate offrono potenzialità straordinarie, dall'altro il loro utilizzo richiede una certa familiarità con il mondo digitale e con gli strumenti informatici, il che può rappresentare un ostacolo per artisti tradizionali abituati a metodi convenzionali. Per affrontare queste sfide, la formazione e l'aggiornamento costante diventano elementi imprescindibili per chiunque desideri sfruttare appieno il potenziale dell'intelligenza artificiale in musica. Workshop, tutorial online e comunità di praticanti offrono supporto e risorse per aiutare gli artisti a integrare in maniera efficace le nuove tecnologie nel proprio workflow creativo. Inoltre, la collaborazione tra sviluppatori, musicisti e legali può contribuire a definire standard e normative che bilancino l'innovazione con la tutela dei diritti degli autori. Nella pratica, un musicista che decide di adottare l'AI nel proprio processo creativo può iniziare sperimentando con piattaforme di generazione musicale come SunoAI, osservando come piccole variazioni nei parametri influiscano sul risultato finale. Queste prove sul campo rappresentano un'opportunità per capire in prima persona come funziona il sistema e quali possibilità offre per personalizzare la composizione in base alle proprie esigenze artistiche. L'esperienza diretta con l'AI, combinata con un'attenta analisi critica dei benefici e dei limiti, permette di sviluppare un approccio equilibrato che sfrutti le potenzialità della tecnologia senza rinunciare all'essenza dell'espressione creativa. L'adozione dell'intelligenza artificiale diventa così un'opportunità per ampliare i propri orizzonti musicali, pur mantenendo un occhio vigile sulle problematiche etiche e tecniche che accompagnano questa rivoluzione. In questo percorso, la capacità di adattarsi e di imparare dai propri errori rappresenta un valore aggiunto, che consente di trasformare le sfide in opportunità di crescita e innovazione. Le esperienze pratiche raccolte nel tempo, unite a un costante aggiornamento sulle nuove tecnologie, offrono al lettore strumenti concreti per integrare l'AI nella propria pratica artistica, aprendo la porta a nuove forme di espressione musicale che abbracciano il futuro con entusiasmo e consapevolezza.

1.5 Confronto tra metodi tradizionali e AI

Nel confronto tra i metodi tradizionali e quelli basati sull'intelligenza artificiale, emergono differenze sostanziali che interessano il processo creativo, le tecniche compositive e il risultato finale della produzione musicale. La composizione tradizionale si fonda su anni di esperienza, intuizioni personali e metodi appresi attraverso l'ascolto, lo studio e la pratica, dove il compositore costruisce il proprio brano a partire da un'idea che evolve nel tempo grazie a iterazioni, revisioni e sperimentazioni manuali. Questo approccio richiede una conoscenza approfondita delle regole armoniche, ritmiche e stilistiche, che vengono interiorizzate e applicate in maniera soggettiva per dare forma a opere musicali uniche. L'AI, d'altra parte, introduce una metodologia radicalmente diversa, in cui algoritmi e modelli matematici elaborano enormi quantità di dati per generare brani in tempi notevolmente ridotti. Un sistema AI, ad esempio, può analizzare migliaia di composizioni e riconoscere pattern ricorrenti, offrendo al musicista suggerimenti che ampliano il ventaglio di possibilità creative. In questo contesto, il ruolo dell'artista si trasforma: da autore esclusivo diventa co-creatore insieme a una tecnologia in grado di elaborare istantaneamente soluzioni complesse.

Un esempio pratico di questa sinergia è rappresentato dall'utilizzo di SunoAI, dove un semplice prompt testuale può dare origine a una composizione completa, che il compositore potrà poi modificare e personalizzare in base alle proprie preferenze. Questa integrazione permette di sperimentare con stili e generi che potrebbero risultare al di fuori della zona di comfort di un musicista tradizionale, favorendo un'esplorazione senza limiti e una maggiore libertà espressiva. La differenza sostanziale risiede, quindi, nel processo decisionale: mentre il metodo tradizionale è caratterizzato da un approccio progressivo e spesso lungo, in cui ogni scelta viene ponderata attentamente, l'AI offre una rapidità d'azione che può velocizzare il processo creativo, fornendo un ventaglio di opzioni che il compositore può poi affinare. Questa rapidità non solo consente di risparmiare tempo, ma apre anche la porta a nuove forme di collaborazione, dove il dialogo tra uomo e macchina diventa parte integrante del processo creativo. Un ulteriore aspetto del confronto riguarda la capacità di personalizzazione: se da un lato il metodo tradizionale si basa su tecniche collaudate e su un'esperienza consolidata, l'AI offre la possibilità di sperimentare con algoritmi che si adattano in tempo reale ai gusti e alle esigenze del musicista. Attraverso interfacce intuitive e strumenti di editing, l'artista può intervenire direttamente sulla composizione generata, modificando parametri e testando diverse combinazioni per ottenere un risultato finale che rispecchi il proprio stile personale. L'esperienza pratica, ad esempio, può consistere nell'utilizzo di un software di composizione AI per creare diverse versioni di un brano, analizzando poi quale soluzione risulti più efficace in termini di armonia e struttura. Questo approccio permette di confrontare direttamente il processo creativo tradizionale con quello automatizzato, evidenziando vantaggi e limiti di ciascun metodo. Le tecnologie basate su AI si prestano particolarmente bene a situazioni in cui la rapidità e la varietà delle soluzioni sono fondamentali, mentre i metodi tradizionali continuano a rappresentare un modello insostituibile per chi cerca una profonda connessione emotiva e un percorso creativo più meditato. La comprensione di queste differenze diventa essenziale per ogni musicista che desidera integrare l'AI nel proprio workflow, riuscendo così a scegliere lo strumento più adatto per ogni fase della composizione. L'approccio comparativo consente al lettore di valutare, attraverso esercitazioni pratiche e studi di caso, come le due metodologie possano coesistere e arricchirsi reciprocamente, offrendo una panoramica completa delle possibilità creative. La consapevolezza delle peculiarità di ciascun metodo rappresenta un valore aggiunto, che consente di sfruttare al meglio le potenzialità dell'AI senza rinunciare alla profondità e alla personalità della tradizione musicale. Attraverso esempi pratici, il lettore potrà sperimentare con composizioni generate automaticamente e confrontarle con brani creati manualmente, acquisendo così una visione critica e operativa delle tecniche e degli strumenti disponibili. Questo processo di confronto non solo arricchisce il bagaglio culturale del musicista, ma offre anche spunti innovativi per integrare tradizione e tecnologia in una sinergia virtuosa che rivoluzioni il modo di concepire la musica.

1.6 Impatto sull'industria musicale globale

L'impatto dell'intelligenza artificiale sull'industria musicale globale è un fenomeno complesso che coinvolge aspetti economici, culturali e tecnologici, modificando radicalmente il modo in cui la musica viene prodotta, distribuita e fruita a livello mondiale. L'introduzione di tecnologie AI nel settore ha portato a una trasformazione profonda che interessa non solo i compositori, ma anche produttori, etichette discografiche e piattaforme di streaming. Le applicazioni dell'AI si estendono dalla generazione automatica di brani musicali alla personalizzazione delle esperienze di ascolto, offrendo soluzioni che migliorano l'efficienza e l'accessibilità del processo creativo. Ad esempio, algoritmi di raccomandazione integrati in piattaforme come Spotify utilizzano modelli di machine learning per analizzare i gusti degli utenti, suggerendo playlist e brani in base a preferenze individuali, contribuendo così a una maggiore soddisfazione del consumatore e a un aumento del coinvolgimento con la musica. Questo cambiamento ha un impatto significativo sul mercato globale, in cui la capacità di innovare e di adattarsi alle nuove tecnologie diventa un vantaggio competitivo per chi opera nel settore. Le etichette discografiche, ad esempio, si affidano sempre più a sistemi di intelligenza artificiale per identificare trend emergenti e per pianificare strategie di marketing basate su dati concreti. Gli algoritmi possono analizzare migliaia di brani e determinare quali elementi siano più efficaci nel catturare l'attenzione del pubblico, aiutando così a creare campagne promozionali mirate e a individuare talenti nascosti. Questa rivoluzione tecnologica ha inoltre aperto nuove strade per la produzione musicale indipendente, permettendo agli artisti di realizzare e distribuire le proprie opere senza dover necessariamente passare attraverso canali tradizionali, abbattendo barriere economiche e facilitando l'ingresso nel mercato globale. L'adozione dell'AI in ambito musicale favorisce un ecosistema dinamico e interconnesso, in cui ogni attore può beneficiare delle innovazioni tecnologiche. La capacità di generare composizioni in tempi rapidi e di ottimizzare il processo di post-produzione ha infatti reso la produzione musicale più accessibile e meno dispendiosa, consentendo a creatori indipendenti di competere con i grandi nomi dell'industria. Un altro aspetto rilevante riguarda l'impatto culturale: l'AI, infatti, contribuisce a una maggiore diversità musicale, stimolando la nascita di nuovi generi e stili che si evolvono in sinergia con le tendenze globali. L'integrazione di algoritmi che analizzano e reinterpretano influenze musicali provenienti da diverse parti del mondo favorisce un incrocio culturale che arricchisce il panorama musicale globale, rendendo la musica un linguaggio ancora più universale. Esempi pratici di questo fenomeno includono progetti collaborativi internazionali in cui artisti di culture differenti utilizzano strumenti basati su AI per creare opere che fondono sonorità orientali e occidentali, dando vita a composizioni che superano i confini geografici e culturali. La diffusione della musica AI ha anche effetti economici importanti, poiché l'innovazione tecnologica consente una produzione più efficiente e una distribuzione più capillare, riducendo i costi e aumentando la competitività nel mercato globale. Gli investimenti in ricerca e sviluppo nel settore dell'AI applicata alla musica sono in costante crescita, evidenziando l'interesse di grandi aziende tecnologiche e di realtà emergenti che vedono nel futuro della musica un'opportunità di espansione e innovazione.

L'analisi dei dati di mercato rivela che le piattaforme digitali che integrano l'AI hanno registrato un incremento esponenziale degli utenti, dimostrando come la tecnologia possa rivoluzionare non solo la produzione, ma anche la fruizione e la distribuzione della musica. Le implicazioni di questo cambiamento sono molteplici: da un lato, si favorisce una maggiore democratizzazione del settore musicale, dall'altro emerge la necessità di ridefinire le dinamiche di compenso e i diritti d'autore, poiché la generazione automatica di contenuti solleva questioni complesse in termini di proprietà intellettuale e riconoscimento del lavoro creativo. Per chi opera nel settore musicale, comprendere l'impatto globale dell'AI diventa quindi essenziale per orientarsi in un contesto in continua evoluzione, dove tecnologia e creatività si intrecciano per dare vita a un nuovo modello economico e culturale. Il lettore potrà sperimentare, attraverso esercizi pratici e casi di studio, come applicare queste conoscenze per sviluppare strategie di promozione e distribuzione efficaci, sfruttando al massimo le potenzialità offerte dall'AI. L'innovazione tecnologica diventa uno strumento per ampliare l'orizzonte creativo, migliorare l'efficienza produttiva e, allo stesso tempo, affrontare le sfide legate alla protezione dei diritti e alla sostenibilità economica.

Questo panorama in evoluzione richiede una costante attenzione alle dinamiche di mercato e una capacità di adattamento che solo un approccio integrato e multidisciplinare può garantire. Gli strumenti e le tecnologie basati su AI offrono un ventaglio di possibilità che, se utilizzate in modo consapevole e strategico, possono trasformare l'industria musicale in un settore ancora più dinamico, innovativo e inclusivo, in grado di abbracciare le sfide del futuro con creatività e determinazione.

1.7 Nuove frontiere per compositori e artisti

Le nuove frontiere per compositori e artisti si delineano in un orizzonte ricco di opportunità grazie all'avvento dell'intelligenza artificiale, che apre la porta a forme di espressione artistica prima impensabili. L'adozione di tecnologie avanzate permette a musicisti, produttori e creativi di sperimentare metodi innovativi per la creazione, la distribuzione e la promozione della musica, offrendo strumenti che vanno ben oltre le tecniche tradizionali. Un aspetto particolarmente significativo è rappresentato dalla capacità dell'AI di generare spunti e suggerimenti in tempo reale, consentendo agli artisti di superare il blocco creativo e di esplorare nuove combinazioni armoniche e ritmiche. Attraverso piattaforme come SunoAI, ad esempio, un compositore può inserire un semplice prompt testuale e ricevere in output una traccia musicale completa, che potrà poi essere modificata, arricchita o personalizzata in base alle proprie esigenze. Questa flessibilità offre un notevole vantaggio competitivo, poiché permette di ridurre drasticamente il tempo necessario per passare dall'idea iniziale alla composizione definitiva, favorendo un processo creativo più fluido e dinamico. Le nuove frontiere si espandono anche nel campo della collaborazione artistica: l'interazione tra intelligenza artificiale e creatività umana apre la possibilità di progetti collaborativi dove artisti di diverse discipline possono lavorare insieme, integrando input visivi, testuali e sonori per creare opere d'arte multisensoriali. Ad esempio, un artista visivo potrebbe collaborare con un musicista per realizzare un'installazione interattiva, dove la musica viene generata in tempo reale in risposta ai movimenti o alle variazioni di luce, creando un'esperienza immersiva e coinvolgente per il pubblico. Un altro ambito di sperimentazione riguarda l'uso dell'AI per la personalizzazione dei contenuti: gli algoritmi possono analizzare le preferenze individuali degli ascoltatori e generare brani che rispecchino gusti e tendenze, offrendo così un'esperienza di ascolto unica e altamente personalizzata. Questo approccio non solo valorizza il lavoro dell'artista, ma contribuisce anche a creare una connessione più profonda tra il creatore e il pubblico, favorendo una maggiore interazione e fidelizzazione. Le tecnologie AI stanno anche influenzando il modo in cui la musica viene insegnata e appresa: piattaforme didattiche basate su algoritmi intelligenti offrono corsi personalizzati e tutorial interattivi, permettendo agli aspiranti compositori di acquisire competenze tecniche e creative in modo flessibile e dinamico. Queste innovazioni rappresentano una vera rivoluzione nel settore, dove il confine tra il ruolo dell'insegnante e quello dell'apprendente diventa sempre più sottile, e la tecnologia si trasforma in un potente alleato per la formazione artistica. L'evoluzione delle tecnologie musicali basate su AI spinge ogni artista a riconsiderare i propri metodi creativi, abbracciando l'innovazione senza rinunciare alla propria identità artistica. Il lettore, attraverso esempi pratici e dimostrazioni operative, potrà sperimentare direttamente come integrare questi strumenti nel proprio workflow, esplorando nuove tecniche di composizione e arrangiamento che arricchiscono il proprio repertorio. L'apertura verso queste nuove frontiere richiede una mentalità flessibile e la volontà di imparare continuamente, in un contesto in cui la tradizione si fonde con l'innovazione, creando un ambiente fertile per la nascita di nuove forme di espressione musicale. Le opportunità offerte dall'AI permettono di ridefinire il ruolo del compositore, che diventa non solo autore, ma anche curatore e innovatore, capace di sfruttare strumenti avanzati per dare vita a opere d'arte che sfidano i confini del convenzionale. Le esperienze pratiche, che includono esercizi di sperimentazione e progetti collaborativi, offrono al lettore la possibilità di mettere in pratica queste teorie, trasformando l'idea di creazione musicale in un viaggio di scoperta e innovazione che abbraccia il futuro con entusiasmo e determinazione.

1.8 I principali strumenti AI nel mondo della musica
Il panorama degli strumenti AI nel mondo della musica è in continua espansione e offre una vasta gamma di applicazioni che vanno dalla generazione di melodie alla post-produzione e al mastering dei brani. Questi strumenti si basano su algoritmi sofisticati e reti neurali che analizzano, apprendono e replicano pattern musicali,

permettendo agli artisti di esplorare nuove possibilità creative. Ad esempio, piattaforme come SunoAI consentono di trasformare un semplice prompt testuale in una traccia musicale completa, offrendo la possibilità di sperimentare con diversi stili e generi in maniera rapida ed efficiente. Allo stesso modo, software di intelligenza artificiale dedicati alla creazione di arrangiamenti e alla modifica di brani permettono di integrare elementi sonori in modo armonico, risparmiando tempo prezioso durante la fase di produzione. Un ulteriore esempio riguarda l'utilizzo di algoritmi per il mixaggio e il mastering, che analizzano il suono dei singoli strumenti per ottimizzare il bilanciamento tonale e garantire una resa finale di alta qualità. Questi strumenti non solo semplificano il processo creativo, ma offrono anche la possibilità di sperimentare con combinazioni e variazioni che potrebbero risultare difficili da ottenere attraverso metodi tradizionali. Il lettore potrà sperimentare con diversi software e applicazioni, osservando come variazioni nei parametri possano influenzare il risultato finale, e acquisendo competenze pratiche attraverso sessioni di laboratorio e workshop online. L'integrazione di questi strumenti nel workflow creativo permette di creare un ambiente dinamico in cui ogni fase del processo musicale, dalla composizione alla post-produzione, è supportata da tecnologie all'avanguardia. Le interfacce intuitive e le funzionalità avanzate di questi strumenti rendono l'esperienza utente fluida, consentendo di concentrarsi maggiormente sulla parte artistica e meno sulle complessità tecniche. L'adozione di questi sistemi rappresenta un vantaggio significativo per artisti e produttori, che possono così sperimentare con nuove idee e innovazioni in tempi brevi, senza dover investire in costosi studi di registrazione o in apparecchiature sofisticate. Questo paragrafo offre anche una panoramica pratica degli strumenti più utilizzati nel settore, illustrando le caratteristiche principali e le funzionalità che li distinguono, con esempi di utilizzo reale e casi studio che dimostrano il valore aggiunto di ciascun sistema. L'attenzione ai dettagli e la possibilità di personalizzare ogni aspetto della composizione rendono questi strumenti indispensabili per chiunque voglia esplorare le potenzialità dell'AI nella musica. Il lettore, grazie a esercitazioni guidate e demo pratiche, potrà imparare a utilizzare queste applicazioni in modo efficace, sviluppando una competenza tecnica che si integra perfettamente con il proprio bagaglio artistico. L'innovazione tecnologica, in questo contesto, diventa un catalizzatore per la creatività, aprendo nuovi orizzonti e stimolando un processo di sperimentazione continua che trasforma il modo di concepire e realizzare la musica. Questo segmento della guida si rivolge a chi desidera acquisire una conoscenza approfondita degli strumenti AI più rilevanti, offrendo risorse, tutorial e suggerimenti pratici per integrare queste tecnologie nel proprio processo creativo quotidiano, valorizzando ogni aspetto dell'arte musicale e trasformando ogni idea in una composizione originale e d'impatto.

1.9 Il concetto di "creatività aumentata"
Il concetto di "creatività aumentata" rappresenta una rivoluzione nel modo in cui concepiamo la produzione artistica, poiché unisce l'ingegno umano alle capacità

computazionali dell'intelligenza artificiale per espandere i confini della creatività musicale. Questo paradigma si fonda sull'idea che la collaborazione tra l'uomo e la macchina possa generare risultati che superano i limiti di ciascuna delle due componenti prese singolarmente. In pratica, l'AI non sostituisce il talento umano, bensì lo potenzia, fornendo spunti, idee e suggerimenti che possono essere poi elaborati e perfezionati dal compositore. Un esempio tangibile di creatività aumentata si può osservare nell'uso di piattaforme come SunoAI, dove il musicista inserisce un prompt testuale e riceve in output una serie di opzioni creative che fungono da punto di partenza per ulteriori sviluppi artistici. Attraverso questo processo interattivo, l'artista può selezionare, modificare e combinare le proposte generate, creando opere che risultano innovative pur mantenendo un'identità personale. La "creatività aumentata" si manifesta anche nel campo della sperimentazione sonora, dove l'AI analizza vaste quantità di dati musicali, riconoscendo pattern e strutture che, se applicati in maniera originale, portano a risultati sorprendenti. I software di intelligenza artificiale, infatti, offrono la possibilità di manipolare elementi come ritmo, armonia e timbro in modi che non sarebbero possibili attraverso i tradizionali metodi di composizione, consentendo di creare brani che spaziano dai generi classici a quelli più moderni e sperimentali. Questa sinergia tra la mente creativa umana e l'efficienza degli algoritmi apre la porta a una nuova era per l'arte musicale, in cui la capacità di generare idee innovative viene amplificata dalla potenza del calcolo e dall'analisi automatica. Attraverso esercizi pratici, il lettore potrà apprendere come sfruttare questi strumenti per espandere il proprio repertorio creativo, sviluppando tecniche che permettano di integrare input digitali con intuizioni artistiche, generando così composizioni uniche e ricche di sfumature. Il concetto di "creatività aumentata" invita a ripensare il ruolo del compositore, che diventa il regista di un processo interattivo in cui ogni suggerimento dell'AI si trasforma in una possibilità di innovazione. La guida offre numerosi esempi pratici, come sessioni di brainstorming assistito e workshop di composizione, dove le tecnologie digitali vengono utilizzate per stimolare nuove idee e superare i limiti convenzionali del pensiero artistico. Il lettore scoprirà come la creatività aumentata consenta di ottenere risultati che non solo rispecchiano la tradizione musicale, ma la reinventano, creando ponti tra passato, presente e futuro. Le dimostrazioni pratiche mostrano come, a partire da un semplice frammento sonoro, sia possibile sviluppare intere opere che integrano complessi arrangiamenti e innovativi mixaggi, evidenziando il valore aggiunto che l'AI apporta all'atto creativo. Questo approccio, supportato da una solida base teorica e da esperienze dirette, offre una visione nuova del processo compositivo, in cui la tecnologia diventa uno strumento per liberare il potenziale creativo nascosto in ogni artista, spingendolo a esplorare territori sonori ancora inesplorati e a dare vita a opere che risuonano con originalità e profondità.

1.10 Obiettivi e struttura della guida
Gli obiettivi di questa guida sono molteplici e mirano a fornire al lettore un percorso completo e approfondito nell'universo della musica generata dall'intelligenza

artificiale, con un'attenzione particolare all'utilizzo di SunoAI come strumento principale per la creazione di brani originali. Lo scopo è quello di offrire conoscenze teoriche e pratiche che permettano di comprendere le potenzialità della tecnologia AI, di integrarla nel processo creativo e di affrontare le sfide che ne derivano in maniera consapevole e operativa. La struttura della guida è stata progettata per essere modulare e progressiva, suddividendo il percorso in dieci capitoli che coprono tutte le fasi della creazione musicale, dalla storia e l'evoluzione della musica AI fino alle strategie di distribuzione e monetizzazione. Ogni capitolo è articolato in dieci paragrafi, ciascuno dei quali approfondisce un aspetto specifico, con esempi pratici e casi studio che illustrano in maniera dettagliata come mettere in pratica i concetti appresi. In questo primo capitolo, l'attenzione è rivolta all'introduzione e alla contestualizzazione del fenomeno dell'intelligenza artificiale nella musica, analizzando le origini, l'evoluzione tecnologica, il ruolo dell'AI nel processo creativo e l'impatto sull'industria musicale globale. Il lettore verrà guidato attraverso un percorso che parte dalle basi storiche e tecniche, per arrivare a una visione completa delle opportunità e delle sfide che caratterizzano l'uso dell'AI in ambito musicale. La guida si propone di essere un punto di riferimento sia per chi è alle prime armi e desidera imparare a utilizzare strumenti digitali per la composizione, sia per professionisti del settore che intendono aggiornarsi sulle ultime innovazioni tecnologiche e sperimentare nuovi metodi di lavoro. Attraverso esempi pratici, esercizi guidati e approfondimenti teorici, ogni sezione offre spunti operativi per sviluppare competenze tecniche e creative, trasformando la tecnologia in un vero e proprio alleato nella creazione artistica. L'approccio didattico adottato è orientato alla pratica, con numerosi suggerimenti per mettere in atto le tecniche illustrate e per verificare autonomamente il proprio apprendimento. Il percorso è stato studiato in modo da fornire una visione integrata della musica AI, considerando tutti gli aspetti che vanno dalla teoria alla pratica, dalla tecnica alla promozione del prodotto finale. Gli obiettivi della guida si concentrano sulla capacità di sfruttare appieno le potenzialità di strumenti come SunoAI, sulla comprensione delle dinamiche evolutive del settore musicale e sulla capacità di innovare il processo creativo attraverso l'utilizzo consapevole delle tecnologie digitali. Questo capitolo introduttivo getta le basi per il resto del percorso, fornendo al lettore una panoramica esaustiva delle tematiche che verranno approfondite nei capitoli successivi. L'intento è quello di stimolare la curiosità e la voglia di sperimentare, mostrando come ogni aspetto della musica AI possa essere affrontato in maniera operativa e concreta, offrendo strumenti pratici per trasformare idee e intuizioni in composizioni musicali di successo.

Esercizi di fine capitolo

1. Sperimenta con un semplice algoritmo di generazione musicale: utilizza un software gratuito o una piattaforma open source per creare una breve sequenza musicale partendo da un prompt testuale.

Annota le variazioni ottenute modificando i parametri e confronta i risultati.

2. Ricerca e analizza due casi studio di composizioni realizzate con l'AI. Prepara una breve relazione scritta evidenziando le tecniche utilizzate, le sfide incontrate e le soluzioni creative adottate.

3. Crea una mappa concettuale che riassuma il percorso evolutivo della musica AI, includendo le tappe fondamentali, i principali strumenti e le implicazioni etiche, economiche e culturali illustrate nel capitolo.

Capitolo 2: Panoramica su SunoAI: Funzionalità e Potenzialità

2.1 Introduzione a SunoAI e al sito ufficiale

SunoAI rappresenta una delle innovazioni più interessanti nel campo della musica generata dall'intelligenza artificiale, e il suo sito ufficiale si configura come il punto di partenza ideale per esplorare questa tecnologia. La piattaforma, concepita per tradurre prompt testuali in tracce musicali complete, si distingue per la sua interfaccia intuitiva e per l'ampia gamma di funzionalità che offre agli utenti, siano essi musicisti professionisti o appassionati di sperimentazione sonora. Visitando il sito ufficiale, l'utente viene immediatamente accolto da un design moderno e funzionale, che integra spiegazioni dettagliate, video dimostrativi e documentazioni tecniche utili a comprendere come sfruttare al meglio il potere creativo di SunoAI. Un esempio pratico che evidenzia la semplicità del processo consiste nell'inserimento di un prompt che descrive brevemente l'atmosfera desiderata per un brano: il sistema interpreta le parole chiave, analizza il contesto e genera una traccia che rispecchia il mood descritto, consentendo all'utente di intervenire successivamente per personalizzare ulteriormente il risultato. La homepage del sito offre sezioni dedicate a casi studio, testimonianze e suggerimenti pratici che mostrano come artisti di diverse discipline abbiano integrato SunoAI nei loro workflow creativi, fornendo un quadro esemplificativo dell'impatto che questa tecnologia può avere sulla composizione musicale. La struttura del sito è studiata per essere accessibile anche a chi non ha familiarità con i concetti di intelligenza artificiale, grazie a una serie di tutorial passo-passo e guide interattive che spiegano ogni fase del processo di generazione musicale.

L'esperienza di navigazione si arricchisce ulteriormente con la possibilità di ascoltare esempi di tracce create utilizzando SunoAI, permettendo agli utenti di apprezzare le diverse sfumature e stili possibili. Durante l'esplorazione del sito, si evidenzia l'importanza attribuita alla trasparenza e alla documentazione tecnica, elementi fondamentali per chi desidera comprendere a fondo il funzionamento interno della piattaforma e le metodologie impiegate per tradurre i prompt testuali in composizioni sonore. La pagina "Chi siamo" offre uno sguardo approfondito sul team di sviluppatori e ricercatori che hanno lavorato alla realizzazione di SunoAI, illustrando le competenze multidisciplinari che hanno contribuito a creare un sistema capace di integrare algoritmi di machine learning avanzati e tecniche di analisi del linguaggio naturale. La sezione dedicata alle FAQ e al supporto tecnico fornisce risposte esaustive ai quesiti più comuni, garantendo agli utenti la possibilità di risolvere eventuali problematiche o dubbi in maniera autonoma. L'approccio user-friendly adottato dal sito rispecchia la missione di SunoAI di rendere la musica accessibile a tutti, abbattendo le barriere tecnologiche e favorendo la sperimentazione creativa. Un utente che si avvicina per la prima volta a SunoAI potrà facilmente orientarsi tra le varie sezioni, sperimentando con i prompt suggeriti e visualizzando in tempo reale come piccoli input testuali possano trasformarsi in composizioni musicali complesse e articolate. Il sito non si limita a presentare il prodotto, ma offre anche risorse utili per la formazione, come webinar e workshop online, che accompagnano l'utente in un percorso di apprendimento continuo. La presenza di un blog aggiornato regolarmente contribuisce a mantenere viva la conversazione sulle novità del settore e sulle potenzialità future dell'intelligenza artificiale applicata alla musica. La ricchezza di contenuti multimediali e informativi rende il sito di SunoAI un hub di conoscenza indispensabile per chi desidera esplorare le frontiere della composizione musicale digitale e sfruttare al meglio le tecnologie emergenti. Ogni sezione è pensata per essere interattiva e stimolante, invitando l'utente a partecipare attivamente al processo creativo, testare nuove idee e condividere i propri risultati con una community sempre più vasta di appassionati e professionisti. Il sito ufficiale di SunoAI, quindi, si configura come un vero e proprio laboratorio virtuale, dove la tecnologia e la creatività si incontrano per dare vita a innovazioni che ridefiniscono il concetto di composizione musicale.

2.2 Caratteristiche principali della piattaforma

SunoAI si distingue per un insieme di caratteristiche che la rendono un vero e proprio strumento di innovazione nel campo della musica generata dall'intelligenza artificiale, offrendo funzionalità che spaziano dalla generazione di tracce musicali all'editing e alla personalizzazione dei brani. La piattaforma è stata progettata per essere estremamente versatile, consentendo agli utenti di sperimentare con diverse configurazioni e di adattare i risultati alle proprie esigenze creative. Una delle caratteristiche fondamentali di SunoAI consiste nella capacità di interpretare prompt testuali complessi, analizzando in profondità il significato delle parole per tradurle in elementi musicali coerenti. Per esempio, se un utente descrive un'atmosfera "sognante e malinconica", il sistema è in grado di selezionare tonalità, ritmi e strumenti che richiamano quell'emozione, offrendo una composizione che rispecchia fedelmente il mood desiderato. La piattaforma permette anche di impostare parametri personalizzati, quali la durata del brano, la complessità dell'arrangiamento e la scelta degli strumenti, garantendo così una grande flessibilità nell'uso dello strumento. Un'altra caratteristica distintiva è l'interfaccia utente, studiata per essere intuitiva e accessibile anche a chi non ha competenze tecniche avanzate. Gli utenti possono interagire con SunoAI tramite un editor visuale che consente di modificare i parametri della composizione in tempo reale, visualizzando anteprime audio che permettono di valutare immediatamente l'impatto delle modifiche apportate. La possibilità di salvare e confrontare diverse versioni di un brano offre un ulteriore strumento di analisi e perfezionamento, permettendo agli artisti di scegliere l'iter creativo che meglio rispecchia la loro visione. Un'altra funzionalità importante riguarda il supporto per l'integrazione di file audio esterni, che consente agli utenti di importare campioni o tracce già esistenti per poi arricchirle con elementi generati dall'AI, creando così composizioni ibride che fondono il lavoro umano con l'automazione algoritmica. Questo aspetto si rivela particolarmente utile per chi desidera sperimentare nuove sonorità e combinazioni, potendo attingere a una vasta libreria di suoni e texture digitali. La piattaforma offre anche strumenti avanzati per il mixaggio e il mastering, che permettono di regolare i livelli, l'equalizzazione e gli effetti sonori, garantendo una resa professionale della traccia finale. Un esempio pratico riguarda la possibilità di applicare filtri ed effetti in maniera selettiva, in modo da enfatizzare determinate sezioni del brano o per creare transizioni armoniche tra diverse parti. La documentazione tecnica e le guide interattive integrate nella piattaforma forniscono all'utente tutte le informazioni necessarie per sfruttare appieno queste funzionalità, accompagnandolo attraverso tutorial passo-passo e sessioni di training che illustrano come ottenere il massimo dal sistema. L'interoperabilità con altri software e strumenti di produzione musicale rappresenta un ulteriore punto di forza, poiché permette di integrare SunoAI in un workflow già consolidato, favorendo la collaborazione e la condivisione di progetti con altri artisti. Gli aggiornamenti continui e il supporto attivo della community di sviluppatori garantiscono che la piattaforma rimanga all'avanguardia, introducendo nuove funzionalità basate sulle ultime scoperte nel campo del machine learning e dell'elaborazione del linguaggio naturale. Gli utenti hanno la possibilità di partecipare a forum di discussione e gruppi di lavoro dedicati, dove si condividono suggerimenti, trucchi e best practice per migliorare la qualità delle composizioni. La trasparenza delle informazioni e la disponibilità di demo interattive rendono l'esperienza con SunoAI particolarmente coinvolgente, stimolando una partecipazione attiva e continua da parte degli utenti. Ogni elemento della piattaforma è stato progettato per semplificare il processo creativo e per offrire strumenti potenti che permettano di esplorare nuovi territori musicali, con esempi pratici che dimostrano come anche semplici variazioni nei parametri possano trasformare radicalmente il risultato finale. La possibilità di personalizzare ogni aspetto della composizione, dalla scelta degli strumenti alle dinamiche di esecuzione, rappresenta una risorsa inestimabile per chi vuole dare forma a progetti unici e innovativi. L'insieme di queste caratteristiche rende SunoAI non solo un prodotto tecnologico avanzato, ma anche un alleato creativo che supporta artisti e produttori nella realizzazione di opere musicali di grande impatto.

2.3 Come SunoAI genera tracce musicali

Il processo attraverso il quale SunoAI trasforma un prompt testuale in una traccia musicale completa è il risultato di una sinergia sofisticata tra algoritmi di intelligenza artificiale, reti neurali e sistemi di elaborazione del linguaggio naturale, che collaborano per interpretare le intenzioni dell'utente e tradurle in elementi sonori coerenti e armoniosi. Quando l'utente inserisce un prompt, il sistema inizia analizzando il testo per identificare le parole chiave e i concetti che determinano il mood, il ritmo e lo stile del brano. Ad esempio, un prompt che include termini come "ritmico", "energico" o "sognante" viene processato da modelli linguistici che associano tali aggettivi a specifiche caratteristiche musicali, quali la scelta di strumenti, le progressioni armoniche e le dinamiche di esecuzione. Il motore di SunoAI si basa su un vasto database di brani musicali e pattern compositivi, da cui attinge per individuare correlazioni tra elementi testuali e sonori. Questo database viene costantemente aggiornato e affinato grazie all'analisi di nuove composizioni e al feedback degli utenti, rendendo il sistema sempre più capace di adattarsi a gusti e preferenze differenti. Un esempio pratico del funzionamento di questo sistema si può osservare quando l'utente sceglie di creare un brano ambient, inserendo un prompt che descrive un'atmosfera rilassante e immersiva. Il sistema, riconoscendo le caratteristiche associate a questo genere, seleziona suoni che spaziano da sintetizzatori morbidi a campionamenti di suoni naturali, elaborando una sequenza che evolve gradualmente e crea un senso di continuità e fluidità. Durante la fase di generazione, SunoAI permette all'utente di intervenire e modificare alcuni parametri, offrendo la possibilità di aggiustare la struttura del brano, la durata delle sezioni o il livello di complessità dell'arrangiamento. Questo processo iterativo consente di affinare la composizione, in modo che il risultato finale rispecchi fedelmente la visione creativa iniziale. Il cuore del sistema risiede nell'algoritmo di apprendimento automatico, che utilizza tecniche di deep learning per riconoscere pattern musicali e adattare le composizioni in tempo reale. Durante la fase di training, il modello viene esposto a migliaia di brani, imparando a riconoscere le differenze tra vari stili e a riprodurle in maniera autentica. Un esempio concreto riguarda l'uso di reti neurali convoluzionali per analizzare le frequenze sonore e le armonie, trasformando queste informazioni in dati che guidano la generazione dei nuovi brani. La fase di output è caratterizzata da una raffinata post-elaborazione, in cui il sistema applica filtri ed effetti per migliorare la qualità sonora e garantire una resa professionale. Gli utenti hanno la possibilità di ascoltare l'anteprima della traccia generata e di intervenire ulteriormente se necessario, modificando, ad esempio, il bilanciamento tra strumenti o la dinamica delle diverse sezioni. Il processo di generazione automatica, quindi, non si limita a un output standardizzato, ma offre numerose possibilità di personalizzazione, permettendo agli artisti di sperimentare e di creare composizioni originali che combinano elementi di automatismo e intervento umano. La capacità di interpretare prompt complessi e di tradurli in elementi musicali coerenti rappresenta una delle innovazioni principali di SunoAI, che apre nuove vie per la sperimentazione e la creatività. La tecnologia alla base del sistema dimostra come l'intelligenza artificiale possa collaborare attivamente con l'essere umano, offrendo spunti e soluzioni creative che vanno oltre il semplice algoritmo predittivo. Attraverso sessioni di testing e feedback continuo, gli sviluppatori hanno perfezionato il processo, garantendo che ogni traccia generata non solo sia tecnicamente valida, ma porti anche un'impronta emotiva che riesca a coinvolgere l'ascoltatore. Questa combinazione di analisi linguistica e sintesi sonora rende il sistema di generazione di SunoAI uno strumento potente e flessibile, in grado di adattarsi a vari contesti musicali e di offrire soluzioni creative che spaziano dalla musica elettronica sperimentale a composizioni più tradizionali. L'approccio modulare adottato dal sistema consente agli utenti di intervenire in ogni fase del processo, ottenendo un livello di controllo che trasforma la generazione automatica in un vero e proprio dialogo creativo tra uomo e macchina, dove ogni modifica apportata contribuisce a perfezionare l'opera in corso di creazione. Gli esempi pratici dimostrano come l'uso di SunoAI possa semplificare il processo compositivo, consentendo di ottenere risultati sorprendenti partendo da input anche minimi, e invitando l'utente a esplorare continuamente nuove possibilità espressive.

2.4 L'importanza del prompt testuale

Il prompt testuale rappresenta il punto di partenza cruciale per il funzionamento di SunoAI e per la creazione di composizioni musicali personalizzate, fungendo da ponte tra l'intento creativo dell'utente e l'elaborazione algoritmica che trasforma le parole in musica. La qualità, la chiarezza e la specificità del prompt determinano in larga misura il risultato finale, poiché il sistema si basa su input testuali per comprendere il mood, lo stile e le caratteristiche che il brano deve possedere. Quando un utente formula un prompt, l'algoritmo analizza ogni parola e cerca di associare i termini con determinati parametri musicali. Ad esempio, se il prompt include descrizioni come "vibrante", "ritmico" o "melanconico", il sistema individua automaticamente una serie di elementi come tempo, progressioni armoniche e scelta di strumenti che possano rispecchiare tali aggettivi. Un prompt ben strutturato permette di ottenere un output molto più vicino alle aspettative dell'utente, mentre prompt vaghi o ambigui possono portare a risultati meno coerenti e meno soddisfacenti dal punto di vista artistico. Una strategia efficace consiste nel fornire dettagli specifici, ad esempio menzionando il genere musicale desiderato, l'atmosfera emotiva, e persino riferimenti a brani o artisti noti, in modo che il sistema possa attingere a un'ampia base di conoscenze per ricreare quei tratti distintivi. Un esempio pratico potrebbe essere un prompt che recita: "Crea una traccia in stile indie-pop, con ritmi sostenuti, un'atmosfera rilassata e l'uso di chitarre elettriche e sintetizzatori morbidi, che richiami l'energia di un tramonto estivo". In questo caso, SunoAI interpreterà il prompt selezionando elementi musicali che rispecchiano lo stile indie-pop, bilanciando le sonorità per evocare l'atmosfera descritta e scegliendo timbri che si integrino armoniosamente. La capacità del sistema di comprendere sfumature e dettagli linguistici è resa possibile da sofisticati algoritmi di elaborazione del linguaggio naturale, che analizzano le relazioni semantiche tra le parole e ne interpretano il significato nel contesto della composizione musicale. Il prompt diventa così un vero e proprio "contratto creativo", in cui l'utente stabilisce le linee guida per il brano e il sistema lavora per rispettare tali direttive, lasciando spazio a eventuali modifiche e personalizzazioni successive. Un'altra modalità di utilizzo del prompt consiste nel fornire input sequenziali, dove l'utente può modificare progressivamente il testo, osservando in tempo reale come le variazioni si riflettano sulla composizione. Questo approccio iterativo consente di perfezionare il risultato finale, sperimentando diverse combinazioni di parole e osservando come il sistema reagisca ai cambiamenti. Inoltre, la possibilità di salvare i prompt utilizzati e i risultati ottenuti permette all'utente di costruire una libreria di composizioni, che può essere ulteriormente analizzata per identificare pattern e migliorare la formulazione degli input futuri. La precisione del linguaggio e la capacità di comunicare in modo dettagliato le proprie intenzioni creative sono dunque elementi essenziali per sfruttare appieno le potenzialità di SunoAI.

Gli utenti che sperimentano regolarmente con prompt sempre più articolati scoprono che il sistema diventa progressivamente più efficace nel tradurre le loro idee in composizioni musicali di alta qualità, creando un ciclo virtuoso di apprendimento e perfezionamento. Le guide e i tutorial forniti dalla piattaforma offrono esempi pratici e suggerimenti su come scrivere prompt efficaci, mettendo in luce l'importanza di descrizioni precise e contestualizzate. L'esperienza utente si arricchisce così di un aspetto educativo, in cui ogni interazione con il sistema rappresenta un'opportunità per migliorare la propria capacità di comunicare in modo creativo e dettagliato.

L'uso consapevole e strategico dei prompt testuali non solo facilita la generazione di composizioni musicali, ma diventa anche un esercizio di affinamento del proprio linguaggio artistico, trasformando ogni richiesta in un'esperienza formativa che contribuisce a sviluppare competenze tecniche e creative. L'importanza del prompt testuale si manifesta chiaramente anche quando si analizzano i risultati ottenuti: prompt più dettagliati e ben strutturati tendono a produrre tracce con una coerenza superiore, in cui ogni elemento – dal ritmo alla melodia, dagli arrangiamenti agli effetti – risulta in perfetta sintonia con l'intento originale. Questo legame stretto tra input e output fa sì che l'utente impari a calibrare le proprie richieste, sperimentando e documentando le differenze tra vari approcci e osservando come piccoli cambiamenti nel testo possano influenzare in maniera significativa la composizione finale. La capacità di interpretare e migliorare i prompt diventa così un'abilità fondamentale per chi desidera utilizzare SunoAI in maniera professionale, permettendo di creare brani musicali non solo tecnicamente validi, ma anche emotivamente coinvolgenti e in linea con le proprie aspirazioni artistiche. La pratica costante e l'analisi critica dei risultati ottenuti contribuiscono a formare un solido bagaglio di competenze che, con il tempo, si traducono in una maggiore capacità di controllo e personalizzazione della musica generata, trasformando il prompt testuale in uno strumento di precisione e creatività.

2.5 Personalizzazione e controlli offerti da SunoAI
Uno degli aspetti che rende SunoAI uno strumento particolarmente apprezzato dagli artisti è la possibilità di personalizzare la traccia musicale generata in maniera dettagliata, grazie a un set di controlli avanzati che permettono di intervenire su ogni fase del processo creativo. La piattaforma offre opzioni che consentono di modificare il timbro, il ritmo, la struttura e persino la dinamica del brano, garantendo così un elevato grado di flessibilità e adattabilità. All'apertura dell'editor, l'utente trova una serie di pannelli che permettono di agire su parametri specifici, quali il tempo, la tonalità, la scelta degli strumenti e la complessità dell'arrangiamento. Ad esempio, se l'obiettivo è ottenere una traccia che si adatti a un video promozionale, è possibile impostare un ritmo energico e una progressione armonica vivace, mentre per una colonna sonora più rilassante si può optare per un tempo più lento e l'uso di suoni ambient. Un esempio pratico di personalizzazione consiste nel modificare i

livelli di volume e bilanciamento dei singoli strumenti, operazione resa semplice grazie a controlli slider intuitivi. Questo permette all'utente di mettere in evidenza una chitarra elettrica in una sezione del brano o di enfatizzare i sintetizzatori in un'altra, creando una dinamica che si adatti perfettamente alle esigenze artistiche. La possibilità di intervenire sui parametri di post-produzione, come l'applicazione di effetti digitali e la regolazione del mixaggio, consente di ottenere un output finale di qualità professionale, senza dover necessariamente ricorrere a software esterni. La personalizzazione si estende anche alla struttura del brano, dove l'utente può decidere come suddividere la traccia in diverse sezioni – ad esempio, introduzione, sviluppo, climax e finale – e impostare transizioni fluide o brusche, a seconda del messaggio emotivo che si intende comunicare. Le opzioni avanzate permettono inoltre di salvare preset personalizzati, che possono essere richiamati in progetti futuri, rendendo il processo creativo più efficiente e ripetibile. Un'altra funzionalità interessante riguarda la possibilità di integrare campioni audio esterni, che possono essere importati e combinati con gli elementi generati dall'AI per creare composizioni ibride che fondono il lavoro umano con l'automazione digitale. Gli utenti hanno l'opportunità di sperimentare con diverse combinazioni e di modificare i parametri in tempo reale, osservando come piccole variazioni possano trasformare radicalmente il risultato finale. La piattaforma supporta anche l'anteprima in tempo reale, consentendo di ascoltare ogni modifica istantaneamente e di intervenire tempestivamente per perfezionare il brano. Questa interattività favorisce un approccio iterativo alla composizione, in cui ogni intervento diventa parte integrante del processo creativo. Gli strumenti di editing integrati offrono la possibilità di evidenziare, isolare e modificare segmenti specifici della traccia, permettendo agli artisti di intervenire anche a livello micro, ad esempio regolando il timing o applicando effetti sonori ad una singola nota. La ricchezza di controlli e opzioni di personalizzazione offerti da SunoAI consente agli utenti di ottenere una composizione che non solo rispetti le indicazioni iniziali del prompt, ma che possa essere adattata in maniera progressiva alle esigenze creative che emergono durante il processo. Attraverso esempi pratici, gli artisti possono sperimentare con diverse configurazioni, salvare versioni multiple di un brano e confrontare i risultati ottenuti, imparando a riconoscere quali combinazioni di parametri producono l'effetto desiderato. L'esperienza diretta con questi strumenti porta alla consapevolezza che la personalizzazione non è solo una funzione tecnica, ma un elemento essenziale del processo creativo che permette di esprimere in maniera autentica la propria visione artistica. La piattaforma, grazie alla sua struttura modulare e all'interfaccia intuitiva, si presta perfettamente ad essere integrata in qualsiasi workflow creativo, diventando un alleato prezioso per la realizzazione di progetti musicali innovativi e personalizzati. La possibilità di salvare le impostazioni personalizzate e di applicarle a nuovi progetti rappresenta un vantaggio significativo, poiché consente agli artisti di mantenere una coerenza stilistica e di sviluppare un proprio "suono" caratteristico che diventa il marchio distintivo delle loro produzioni. La flessibilità dei controlli offerti da SunoAI trasforma il processo di composizione in un'esperienza dinamica e interattiva, dove l'utente ha il pieno controllo su ogni aspetto del brano, dalla generazione iniziale alla fase finale di rifinitura, permettendo di esplorare in maniera approfondita le potenzialità creative della piattaforma.

2.6 Vantaggi competitivi rispetto ad altri strumenti AI

SunoAI si pone in una posizione di vantaggio rispetto ad altri strumenti di intelligenza artificiale nel campo della musica grazie a una combinazione di caratteristiche uniche, flessibilità operativa e un approccio centrato sull'utente. Tra i principali vantaggi competitivi si evidenzia la capacità di interpretare prompt testuali complessi in maniera precisa, trasformando in modo innovativo le idee dell'utente in composizioni musicali articolate. Questa precisione nell'elaborazione del linguaggio naturale permette di ottenere risultati che rispecchiano fedelmente il mood e lo stile desiderati, distinguendosi da piattaforme che offrono output più standardizzati e meno personalizzabili. La piattaforma si avvale di algoritmi di deep learning costantemente aggiornati e affinati, il che garantisce una capacità di adattamento e un'evoluzione continua del sistema, aspetti fondamentali in un settore in rapido sviluppo come quello della musica AI. Un altro aspetto distintivo è l'interfaccia utente, studiata per essere estremamente intuitiva e accessibile anche a chi non possiede competenze tecniche avanzate. La facilità d'uso consente a musicisti, compositori e appassionati di sperimentare con il sistema senza dover affrontare lunghe curve di apprendimento, offrendo così una soluzione versatile adatta a diverse esigenze. Un esempio pratico riguarda la possibilità di generare una traccia musicale completa in pochi minuti partendo da un semplice input testuale, una funzione che permette di risparmiare tempo prezioso durante il processo creativo. La flessibilità operativa, infatti, rappresenta un valore aggiunto significativo: gli utenti possono modificare e personalizzare la composizione in tempo reale, intervenendo su vari parametri per ottenere un risultato finale che si adatti perfettamente alle proprie aspettative. Questa caratteristica contrasta con altri strumenti AI che spesso offrono soluzioni più rigide e meno personalizzabili, limitando la libertà creativa degli artisti. Inoltre, SunoAI si distingue per la qualità del suono e la resa professionale delle tracce generate, grazie a sofisticati algoritmi di post-produzione che curano ogni dettaglio, dal mixaggio al mastering. Questa attenzione alla qualità sonora permette agli utenti di ottenere output pronti per la distribuzione su piattaforme digitali senza necessità di ulteriori interventi di editing esterno. Il sistema è progettato per essere interoperabile con altri software di produzione musicale, rendendo possibile l'integrazione di SunoAI in un workflow creativo già esistente, elemento che aumenta notevolmente la sua versatilità e attrattiva. La comunità di supporto attiva e il continuo aggiornamento della piattaforma rappresentano ulteriori vantaggi competitivi, poiché garantiscono che gli utenti abbiano accesso alle ultime innovazioni e possano confrontarsi con altri artisti e sviluppatori, arricchendo così la propria esperienza e le proprie competenze. In termini di costo e accessibilità, SunoAI offre soluzioni competitive che permettono a chiunque, da professionisti affermati a principianti curiosi, di sperimentare con la musica generata dall'AI senza dover investire somme considerevoli in hardware o software specializzati. L'ottimo rapporto qualità-prezzo, unito alla possibilità di ottenere risultati rapidi e personalizzabili, rende la piattaforma un'opzione preferenziale per chi cerca soluzioni innovative e all'avanguardia. Esempi pratici dimostrano come l'utilizzo di SunoAI abbia permesso a diversi artisti di lanciare progetti musicali di successo, integrando il sistema all'interno di workflow complessi e collaborativi, ottenendo output che hanno riscosso grande interesse sul mercato. Il vantaggio competitivo di SunoAI si manifesta, dunque, non solo nella qualità tecnica del prodotto, ma anche nella capacità di offrire un'esperienza utente completa, che abbraccia ogni aspetto del processo creativo, dalla generazione iniziale alla personalizzazione e alla distribuzione finale. Questo approccio integrato favorisce un utilizzo fluido e dinamico dello strumento, in cui ogni fase del processo musicale viene curata con attenzione e precisione, permettendo agli utenti di concentrarsi sulla propria creatività e di ottenere risultati che rispecchiano pienamente le loro aspirazioni artistiche. La combinazione di innovazione tecnologica, facilità d'uso e flessibilità operativa rappresenta il vero punto di forza di SunoAI, rendendolo uno strumento indispensabile per chi desidera esplorare le nuove frontiere della composizione musicale nell'era dell'intelligenza artificiale.

2.7 Esempi di tracce realizzate con SunoAI
L'esperienza diretta con SunoAI si arricchisce notevolmente grazie alla possibilità di visionare e

analizzare esempi concreti di tracce musicali realizzate attraverso la piattaforma, offrendo agli utenti spunti ispiratori e dimostrazioni pratiche del potenziale creativo dello strumento. Numerosi artisti e compositori hanno utilizzato SunoAI per generare brani che spaziano da melodie elettroniche sperimentali a pezzi più tradizionali, dimostrando la versatilità e l'adattabilità del sistema a diversi generi e stili musicali. Un esempio particolarmente significativo riguarda una traccia in stile ambient, realizzata a partire da un prompt che descriveva un paesaggio sonoro evocativo, ricco di texture morbide e suoni naturali. Il risultato fu una composizione che trasmetteva una sensazione di tranquillità e introspezione, caratterizzata da una progressione armonica fluida e da effetti sonori che ricordavano il suono del vento tra gli alberi. Un altro esempio riguarda un brano energico in stile synth-pop, dove il prompt iniziale richiedeva ritmi vivaci e una melodia accattivante, capace di trasmettere un senso di ottimismo e dinamicità. Il sistema, interpretando il testo in maniera precisa, generò una traccia con un ritmo incalzante, caratterizzata da una linea di basso pulsante e da sintetizzatori brillanti, creando un mix perfettamente bilanciato che si prestava bene all'ascolto su piattaforme di streaming. Gli artisti che hanno utilizzato SunoAI spesso sperimentano con varianti dello stesso prompt, salvando diverse versioni del brano per poi confrontarle e scegliere quella che meglio si adatta alla loro visione creativa. Questa possibilità di sperimentazione multipla rappresenta un aspetto fondamentale del processo creativo, in cui ogni variazione diventa un'opportunità per affinare il proprio stile e per ottenere composizioni che rispecchino in maniera accurata le proprie intenzioni artistiche. Un ulteriore esempio pratico riguarda la creazione di colonne sonore per video e cortometraggi: un regista, utilizzando SunoAI, ha generato una traccia che accompagna perfettamente le immagini di un documentario naturalistico, sfruttando prompt che descrivono in dettaglio l'atmosfera e l'ambientazione delle scene. Il brano risultante si distingue per la sua capacità di evocare emozioni e di integrarsi armoniosamente con il materiale visivo, dimostrando come la piattaforma possa essere utilizzata in contesti multidisciplinari. Le demo e i case study presentati sul sito ufficiale di SunoAI offrono numerosi altri esempi di tracce realizzate, illustrando in modo dettagliato come i vari parametri possano essere regolati per ottenere output differenti. Gli esempi pratici non solo mostrano la potenza tecnica del sistema, ma evidenziano anche come l'interpretazione creativa del prompt da parte del sistema possa variare in base alle specifiche esigenze dell'utente. Questa diversità di risultati stimola l'utente a sperimentare con prompt sempre più dettagliati e a documentare le proprie scoperte, creando così una sorta di archivio personale di composizioni che possono essere analizzate e migliorate nel tempo. La possibilità di ascoltare in anteprima le tracce generate e di scaricarle per ulteriori elaborazioni offre un'esperienza interattiva che rende l'apprendimento pratico e coinvolgente. Gli esempi di tracce realizzate con SunoAI si configurano quindi come veri e propri casi studio, in cui ogni composizione rappresenta un punto di partenza per approfondimenti e riflessioni sulle potenzialità della musica generata dall'intelligenza artificiale. Attraverso l'analisi dettagliata dei vari elementi – dalla struttura armonica all'uso degli effetti – l'utente può acquisire competenze tecniche e creative che gli permetteranno di utilizzare il sistema in maniera sempre più autonoma ed efficace. I brani presentati offrono spunti pratici su come combinare diversi stili e tecniche, dimostrando che il potenziale creativo di SunoAI non ha limiti e che ogni progetto musicale può diventare un'opera unica, capace di emozionare e ispirare. La ricchezza degli esempi pratici disponibili rende la piattaforma uno strumento formativo prezioso, in grado di guidare l'utente lungo un percorso di sperimentazione e perfezionamento costante, trasformando ogni interazione in un'occasione per imparare e crescere artisticamente.

2.8 Integrazione di SunoAI nel workflow creativo

Integrare SunoAI nel proprio workflow creativo rappresenta un passaggio fondamentale per chi desidera sfruttare al massimo le potenzialità offerte dalla musica generata dall'intelligenza artificiale, e ciò si traduce in un processo di lavoro dinamico e collaborativo che abbraccia ogni fase della composizione musicale. L'integrazione del sistema all'interno di un workflow già consolidato permette di unire le tecnologie digitali con le tecniche tradizionali, creando un ambiente di lavoro ibrido che valorizza sia la creatività umana sia l'efficienza degli algoritmi. Gli artisti che adottano SunoAI hanno la possibilità di utilizzarlo come strumento di brainstorming, generando idee e spunti che possono poi essere raffinati e integrati in progetti più ampi. Ad esempio, un compositore può iniziare creando una traccia base utilizzando SunoAI, impostando un prompt che descrive l'atmosfera generale desiderata, e poi esportare il risultato per ulteriori elaborazioni in software di editing audio professionale. Questo approccio modulare permette di sperimentare liberamente, utilizzando il sistema per ottenere una base su cui lavorare, per poi intervenire manualmente su dettagli quali il mixaggio, l'aggiunta di effetti e la sincronizzazione con altri elementi multimediali. Un esempio pratico di integrazione consiste nell'utilizzo di SunoAI in un progetto collaborativo, dove diversi artisti lavorano contemporaneamente su parti differenti di un brano. Uno potrebbe concentrarsi sulla generazione della melodia di base tramite il sistema, mentre un altro si occupa dell'arrangiamento e del ritmo, integrando i risultati ottenuti con strumenti tradizionali. Questa modalità di lavoro favorisce la creatività collettiva e permette di sfruttare al meglio le competenze specifiche di ciascun collaboratore. La possibilità di salvare e condividere i progetti all'interno della piattaforma contribuisce ulteriormente a creare un ambiente collaborativo, in cui ogni intervento può essere revisionato, modificato e integrato in tempo reale. Gli artisti che decidono di integrare SunoAI nel proprio workflow trovano che il sistema si adatti perfettamente alle loro esigenze, offrendo una soluzione flessibile e scalabile che può essere facilmente modificata in base all'evoluzione del progetto. L'interoperabilità con altri software di produzione musicale, come Digital Audio Workstation (DAW) e strumenti di registrazione virtuale, consente di importare ed esportare file in formati standard, facilitando la comunicazione tra diverse fasi del processo creativo. Questo aspetto tecnico diventa particolarmente importante per chi lavora in team, poiché garantisce che ogni elemento del progetto possa essere integrato senza problemi, mantenendo una coerenza sonora e stilistica che valorizza il prodotto finale. La documentazione e le guide offerte da SunoAI illustrano in maniera dettagliata come impostare un workflow integrato, fornendo esempi pratici, diagrammi di flusso e suggerimenti operativi che aiutano l'utente a sfruttare appieno il potenziale della piattaforma.

L'esperienza di utilizzo diretta, supportata da sessioni di training e workshop online, consente di comprendere come il sistema possa essere utilizzato in contesti diversi, dalla produzione musicale indipendente a progetti cinematografici e di pubblicità. La flessibilità operativa di SunoAI permette di sperimentare con diverse modalità di integrazione, come l'uso combinato di tracce generate automaticamente e registrazioni dal vivo, ottenendo così composizioni ibride che uniscono il meglio dei due mondi. La condivisione e il confronto dei risultati con altri professionisti del settore rappresentano ulteriori elementi che favoriscono l'adozione del sistema, creando una community attiva e collaborativa che scambia idee, tecniche e innovazioni. L'integrazione di SunoAI nel workflow creativo non si limita, quindi, a un mero utilizzo tecnico, ma si configura come un processo trasformativo che ridefinisce il modo in cui l'arte musicale viene concepita e realizzata, offrendo nuove opportunità di espressione e sperimentazione. Gli artisti che hanno adottato questa metodologia sperimentano una maggiore libertà creativa, potendo concentrarsi sulle proprie idee e lasciare che la tecnologia faccia il lavoro di elaborazione e ottimizzazione, trasformando ogni input in un'opera d'arte sonora. La possibilità di integrare SunoAI con strumenti tradizionali e di collaborare con altri creativi rende il processo di composizione un'esperienza ricca e multifaccettata, che abbraccia sia il passato che il futuro della musica.

2.9 Risorse e documentazione ufficiale

La disponibilità di risorse e documentazione ufficiale rappresenta un elemento fondamentale per sfruttare appieno le potenzialità di SunoAI, fornendo agli utenti una base solida su cui costruire le proprie competenze e approfondire ogni aspetto del funzionamento della piattaforma. La documentazione, curata con attenzione dal team di sviluppatori e ricercatori, include manuali dettagliati, guide pratiche e tutorial video che illustrano passo dopo passo come utilizzare ogni funzionalità offerta dal sistema. Le risorse ufficiali sono pensate per essere accessibili a utenti di ogni livello, da chi si avvicina per la prima volta alla musica generata dall'intelligenza artificiale fino a professionisti che cercano di integrare SunoAI in workflow complessi. Un esempio pratico riguarda il tutorial interattivo che guida l'utente attraverso il processo di generazione di una traccia partendo da un prompt testuale, spiegando nel dettaglio come ogni parola viene interpretata e trasformata in elementi musicali. Questo tipo di guida offre una panoramica completa delle tecniche di elaborazione del linguaggio naturale applicate al contesto musicale, fornendo esempi reali e casi studio che aiutano a comprendere le logiche alla base del sistema. La sezione FAQ del sito ufficiale risponde in maniera esaustiva ai quesiti più comuni, affrontando temi tecnici, questioni di personalizzazione e suggerimenti per l'ottimizzazione del workflow creativo. Inoltre, il sito mette a disposizione forum di discussione e community online dove gli utenti possono confrontarsi, scambiarsi idee, suggerimenti e soluzioni, creando così un ecosistema collaborativo che favorisce l'aggiornamento costante e lo scambio di conoscenze.

Le risorse sono costantemente aggiornate per riflettere le ultime innovazioni e miglioramenti introdotti nel sistema, garantendo che gli utenti dispongano sempre delle informazioni più recenti e accurate. La documentazione ufficiale include anche sezioni dedicate agli sviluppatori, con API, SDK e guide tecniche che permettono di integrare SunoAI in applicazioni personalizzate o di sviluppare estensioni che ampliano le funzionalità della piattaforma. Questa flessibilità tecnica rende il sistema particolarmente attraente per chi desidera approfondire il funzionamento interno e contribuire attivamente al suo sviluppo. La ricchezza delle risorse messe a disposizione facilita l'apprendimento e stimola la sperimentazione, permettendo agli utenti di affrontare con sicurezza ogni fase del processo creativo. Attraverso webinar, sessioni di Q&A e workshop organizzati periodicamente, la community di SunoAI offre anche supporto diretto e interattivo, permettendo di risolvere dubbi e di condividere esperienze in tempo reale. Un altro aspetto importante riguarda l'archivio di progetti e demo, che consente agli utenti di accedere a una vasta gamma di esempi pratici, da cui trarre ispirazione per i propri lavori. Queste risorse sono organizzate in modo sistematico, facilitando la ricerca per argomento o per funzionalità, e rappresentano una guida preziosa per chi desidera padroneggiare le tecniche di generazione musicale automatizzata. La trasparenza e la completezza della documentazione ufficiale contribuiscono a creare un ambiente di apprendimento stimolante e collaborativo, in cui ogni utente può sentirsi supportato e motivato a esplorare nuove frontiere creative. La disponibilità di risorse dettagliate non solo favorisce l'autonomia nell'utilizzo della piattaforma, ma rappresenta anche un punto di riferimento per il confronto e lo scambio di idee, rendendo SunoAI un vero e proprio hub di innovazione nel campo della musica AI. Gli aggiornamenti regolari e il coinvolgimento della community nel processo di miglioramento continuo garantiscono che le risorse siano sempre all'avanguardia, offrendo agli utenti gli strumenti necessari per sfruttare appieno il potenziale creativo del sistema. Questa combinazione di documentazione tecnica, supporto diretto e interazione comunitaria rende SunoAI non solo uno strumento tecnologico avanzato, ma anche una piattaforma formativa completa, che accompagna l'utente in ogni fase del proprio percorso creativo e tecnico.

2.10 Prospettive future per SunoAI

Le prospettive future per SunoAI appaiono estremamente promettenti, con continue innovazioni e aggiornamenti che mirano a espandere ulteriormente le capacità della piattaforma e a integrarsi in maniera sempre più profonda nel mondo della produzione musicale. La rapida evoluzione degli algoritmi di intelligenza artificiale e il crescente interesse verso la musica generata digitalmente aprono scenari in cui SunoAI potrà ampliare il proprio ventaglio di funzionalità, offrendo strumenti sempre più sofisticati per la creazione, l'editing e la personalizzazione dei brani. Le ricerche in corso nel campo del machine learning, in particolare quelle rivolte all'elaborazione del linguaggio naturale e alla sintesi sonora, suggeriscono che in futuro il sistema sarà in grado di interpretare prompt ancor più complessi e di generare composizioni che non solo rispecchiano fedelmente le indicazioni fornite, ma che aggiungono anche elementi di originalità e innovazione imprevisti. Un esempio concreto di evoluzione futura potrebbe riguardare l'integrazione di tecnologie di realtà aumentata e virtuale, che permetterebbero agli utenti di interagire con le composizioni musicali in maniera immersiva, modificando in tempo reale la traccia attraverso gesti e movimenti. Questo tipo di interazione renderebbe il processo creativo ancora più dinamico, trasformando la creazione musicale in un'esperienza multisensoriale che unisce suono, immagine e movimento. Le prospettive di sviluppo non si limitano alla generazione automatica, ma includono anche l'ottimizzazione degli strumenti di personalizzazione e di controllo, in modo da offrire agli artisti una gamma di opzioni sempre più ampia e flessibile. L'integrazione con altri software e piattaforme digitali rappresenta un ulteriore ambito di crescita, permettendo a SunoAI di inserirsi in ecosistemi musicali complessi e collaborativi, dove la condivisione di dati e risorse favorisce una maggiore sinergia tra creatività e tecnologia. Gli aggiornamenti futuri potrebbero includere anche funzionalità di intelligenza artificiale predittiva, capaci di suggerire modifiche e ottimizzazioni in base all'analisi in tempo reale dei dati di ascolto e delle tendenze di mercato, offrendo così agli artisti uno strumento di supporto non solo creativo, ma anche strategico dal punto di vista commerciale. La costante evoluzione del settore musicale e l'aumento della domanda di soluzioni innovative fanno presagire che SunoAI diventerà un punto di riferimento per la produzione musicale digitale, con applicazioni che andranno ben oltre la semplice generazione di tracce, abbracciando ambiti come la produzione di colonne sonore, il sound design per videogiochi e la creazione di installazioni multimediali. Il coinvolgimento di una community internazionale di artisti e sviluppatori stimola inoltre un ciclo virtuoso di innovazione, in cui ogni feedback contribuisce a perfezionare il sistema e a introdurre nuove funzionalità, rendendo SunoAI uno strumento in continua evoluzione. Le collaborazioni con istituzioni accademiche e centri di ricerca garantiscono che le tecnologie adottate siano sempre all'avanguardia, mentre la partecipazione attiva della community offre uno spazio di confronto e sperimentazione che accelera il processo di innovazione. L'orizzonte futuro di SunoAI si prospetta quindi ricco di opportunità, con la possibilità di trasformare radicalmente il modo in cui la musica viene concepita, prodotta e fruibile, e di aprire nuovi scenari per artisti indipendenti e professionisti del settore. Le potenzialità di una tecnologia che evolve costantemente, abbinata alla passione e alla creatività degli utenti, delineano un futuro in cui la collaborazione tra intelligenza artificiale e creatività umana diventa sempre più profonda, portando a una rivoluzione nel panorama musicale globale. Le previsioni di crescita e innovazione offrono numerosi spunti per progetti futuri, e il continuo sviluppo di SunoAI promette di trasformare ogni sfida in un'opportunità per ridefinire i confini della produzione musicale, rendendo il sistema un alleato indispensabile per chiunque desideri esplorare le nuove frontiere della musica digitale.

Esercizi di fine capitolo

1. Visita il sito ufficiale di SunoAI e naviga tra le sezioni dedicate a guide e tutorial. Crea un breve report in cui descrivi le funzionalità principali e come queste possono essere utilizzate per generare una traccia musicale partendo da un prompt testuale.

2. Sperimenta con la generazione di tracce utilizzando prompt differenti. Salva almeno tre versioni di un brano modificando parametri come ritmo, timbro e struttura. Confronta i risultati e documenta quali variazioni hanno prodotto i cambiamenti più significativi.

3. Progetta un workflow creativo che integri SunoAI con altri strumenti di produzione musicale. Descrivi le fasi del processo e spiega come ogni componente contribuisce al risultato finale, illustrando con esempi pratici come integrare la traccia generata da SunoAI in un progetto multimediale.

Capitolo 3: La Rivoluzione AI nella Composizione Musicale

3.1 Storia e sviluppo dell'AI nella musica

La storia dell'intelligenza artificiale applicata alla musica ha radici che affondano nei primi esperimenti pionieristici degli anni '50 e '60, quando ricercatori e musicisti iniziarono a sperimentare con computer e algoritmi per generare composizioni sonore. In questo periodo, figure come Lejaren Hiller e Leonard Isaacson hanno posto le basi per l'utilizzo di sistemi computazionali nella creazione musicale, dimostrando che un algoritmo poteva analizzare strutture armoniche e ritmiche, e persino suggerire variazioni che sfidavano i limiti della composizione tradizionale. Questi esperimenti iniziali, seppur limitati dalla potenza computazionale dell'epoca, hanno aperto la strada a un percorso di innovazione che ha portato alla nascita di programmi capaci di "imparare" e di adattarsi a stili musicali differenti. Nel corso dei decenni successivi, l'evoluzione dei computer, l'incremento della capacità di archiviazione e l'avvento del machine learning hanno permesso di sviluppare sistemi sempre più sofisticati, capaci di analizzare enormi quantità di dati musicali e di riconoscere pattern ricorrenti nelle composizioni. Tale evoluzione ha portato alla nascita di applicazioni che, basandosi su reti neurali profonde, sono in grado di generare tracce musicali originali partendo da input testuali o da semplici frammenti sonori. La transizione da sistemi rudimentali a strumenti di generazione musicale avanzata ha rappresentato un vero e proprio punto di svolta, evidenziando come la tecnologia potesse collaborare con la creatività umana senza sostituirla, ma piuttosto ampliandola. L'esperienza di compositori che hanno integrato l'AI nei loro processi creativi ha dimostrato che, pur partendo da metodi ispirati alle tecniche di composizione tradizionali, l'algoritmo può produrre risultati sorprendenti che arricchiscono il linguaggio musicale, creando nuove sinergie tra dati, emozione e intuizione artistica. Esempi di questo sviluppo includono l'uso di algoritmi per generare progressioni armoniche in stile classico, che poi vengono reinterpretate in chiave moderna grazie a interventi umani, oppure la creazione di tracce elettroniche dove il computer offre una base su cui il musicista può intervenire per inserire elementi personali. La continua evoluzione degli strumenti AI ha anche favorito la nascita di collaborazioni interdisciplinari, in cui ingegneri, programmatori e artisti si sono uniti per affinare modelli che riescono a replicare l'istinto creativo umano. Questo percorso storico si intreccia con una serie di innovazioni tecnologiche che hanno trasformato il modo di concepire la musica, permettendo la creazione di sistemi che non solo apprendono dalle composizioni esistenti, ma sono anche in grado di innovare e sperimentare con nuove sonorità. L'adozione di tecnologie come il deep learning ha consentito di passare da un semplice calcolo algoritmico a un approccio predittivo e creativo, dove l'AI è in grado di anticipare tendenze musicali e suggerire soluzioni che superano le convenzioni del passato. I primi passi in questo ambito hanno portato a una rivoluzione che ha influenzato non solo il processo di composizione, ma anche il modo in cui il pubblico fruisce della musica, con sistemi di raccomandazione che utilizzano tecniche di AI per suggerire brani in base ai gusti personali. Gli sviluppi storici mostrano come l'intelligenza artificiale sia passata da uno strumento sperimentale a un compagno affidabile nel processo creativo, fornendo agli artisti un supporto che permette di espandere i confini della musica tradizionale.

Gli esempi pratici di questo percorso includono progetti accademici e collaborazioni industriali, in cui la sperimentazione con l'AI ha portato alla creazione di opere uniche e innovative, aprendo nuove prospettive su come la tecnologia possa diventare un alleato prezioso per la creatività. L'evoluzione della musica AI, dunque, si configura come una storia di continua trasformazione, in cui il dialogo tra tradizione e innovazione ha creato un nuovo paradigma per la composizione musicale.

3.2 Innovazioni tecnologiche e tendenze attuali

Le innovazioni tecnologiche degli ultimi anni hanno rivoluzionato il modo in cui la musica viene composta e prodotta, portando sul mercato strumenti di intelligenza artificiale che consentono di esplorare nuove frontiere creative. Le tendenze attuali si caratterizzano per un approccio multidisciplinare, dove algoritmi di deep learning, reti neurali e tecniche di elaborazione del linguaggio naturale lavorano insieme per analizzare enormi dataset musicali e generare composizioni originali. Una delle innovazioni più significative riguarda l'uso di modelli generativi, che sono in grado di creare musica partendo da un prompt testuale, trasformando parole ed emozioni in sequenze sonore complesse e articolate. Ad esempio, sistemi come SunoAI hanno dimostrato come un semplice input possa dare origine a brani che spaziano da atmosfere rilassanti a ritmi energici, offrendo all'utente la possibilità di personalizzare ogni aspetto della composizione. Le tendenze attuali non si limitano solo alla generazione automatica di musica, ma includono anche strumenti di post-produzione che utilizzano l'AI per ottimizzare il mixaggio, il mastering e la finalizzazione del suono, garantendo una qualità professionale e pronta per la distribuzione. Le tecnologie innovative permettono inoltre l'analisi in tempo reale dei dati, consentendo agli artisti di ricevere feedback immediati e di modificare i parametri per affinare la traccia in corso di creazione. Questa interazione dinamica favorisce un processo creativo iterativo, dove ogni modifica diventa parte integrante del percorso artistico. Un ulteriore sviluppo riguarda la capacità di integrare l'AI con altre tecnologie digitali, come la realtà aumentata e la realtà virtuale, creando esperienze multisensoriali che combinano musica, immagini e interazioni fisiche in ambienti immersivi. Queste innovazioni aprono nuove possibilità per performance live e installazioni artistiche, dove il pubblico può vivere esperienze sonore uniche, interagendo con la musica in maniera diretta. Le tendenze attuali si riflettono anche nella crescente adozione di piattaforme collaborative, dove artisti, produttori e tecnologi condividono le proprie creazioni e si scambiano idee per perfezionare il processo di generazione musicale. L'uso di community online e forum dedicati ha favorito lo sviluppo di tecniche condivise e best practice, rendendo l'AI uno strumento accessibile e utile anche per chi non ha una formazione tecnica avanzata. Gli esempi pratici includono workshop interattivi e sessioni di formazione in cui i partecipanti possono sperimentare con strumenti AI, osservando come piccoli cambiamenti nei parametri possano portare a risultati radicalmente differenti. Questi eventi dimostrano l'importanza dell'innovazione come motore di crescita nel settore musicale, stimolando una cultura di sperimentazione e continuo aggiornamento. Le tecnologie all'avanguardia attuali offrono agli artisti una piattaforma per esplorare nuovi stili, generi e approcci compositivi, trasformando il modo in cui la musica viene concepita e realizzata. L'adozione di queste soluzioni tecnologiche si traduce in un vantaggio competitivo, poiché consente di rispondere rapidamente alle mutevoli esigenze del mercato e di sfruttare al massimo le potenzialità della creatività digitale. La sinergia tra innovazioni tecnologiche e tendenze emergenti ha creato un ecosistema vibrante, in cui ogni nuovo strumento diventa parte integrante di un processo creativo globale e interconnesso, capace di ridefinire i confini della produzione musicale. Le applicazioni pratiche di queste tecnologie includono l'uso di algoritmi per la creazione di colonne sonore personalizzate, la generazione di tracce per video e campagne pubblicitarie e la sperimentazione con nuovi formati di espressione artistica, dimostrando che l'innovazione non solo migliora la qualità tecnica delle composizioni, ma apre anche nuove vie per l'espressione e la comunicazione emotiva.

3.3 Come l'AI sta cambiando il processo creativo
L'introduzione dell'intelligenza artificiale nel processo creativo ha trasformato radicalmente il modo in cui la musica viene concepita, progettata e realizzata, offrendo agli artisti nuove modalità di espressione e ampliando gli

orizzonti della creatività. L'AI non sostituisce il tocco umano, ma diventa un potente alleato che permette di esplorare territori sonori prima impensabili. Attraverso l'uso di algoritmi avanzati, un artista può partire da un'idea semplice e trasformarla in una composizione complessa in tempi ridotti, sperimentando con diverse varianti e combinazioni senza il peso delle limitazioni tecniche tradizionali. Un tipico esempio di questo cambiamento riguarda l'uso di prompt testuali per generare tracce musicali: inserendo una descrizione che definisce l'atmosfera, il ritmo e il genere desiderato, l'AI analizza il testo e produce una base musicale che può essere ulteriormente modificata e personalizzata dall'utente. Questo approccio consente di superare il blocco creativo, fornendo spunti e soluzioni che l'idea iniziale potrebbe non aver mai considerato. L'interazione continua tra l'artista e il sistema di intelligenza artificiale si configura come un dialogo creativo, in cui ogni modifica e ogni iterazione porta a un raffinamento progressivo del risultato finale. Durante questo processo, l'AI offre suggerimenti in tempo reale, evidenziando pattern musicali, progressioni armoniche e strutture ritmiche che possono essere integrate nella composizione. Tale flusso dinamico di idee permette all'artista di sperimentare con tecniche innovative, combinando elementi tradizionali con spunti generati automaticamente, per ottenere risultati che spesso superano le aspettative iniziali. Le piattaforme moderne, ad esempio, offrono strumenti di editing e personalizzazione che consentono di intervenire su ogni aspetto della traccia, dal bilanciamento degli strumenti alla scelta degli effetti sonori, trasformando il processo creativo in un'esperienza interattiva e altamente modulare. Questo nuovo paradigma ha anche favorito l'emergere di collaborazioni tra musicisti e programmatori, che lavorano insieme per sviluppare modelli sempre più sofisticati in grado di catturare l'essenza della creatività umana. Gli esempi pratici di questo cambiamento includono sessioni di brainstorming assistite dall'AI, dove artisti di diverse discipline si confrontano e scambiano idee in tempo reale, sfruttando l'output generato dal sistema per ispirare nuove direzioni artistiche. Le tecnologie di AI stanno inoltre contribuendo a democratizzare il processo creativo, rendendo la composizione musicale accessibile a un pubblico più ampio, anche a chi non possiede competenze tecniche avanzate. Strumenti intuitivi e interfacce user-friendly permettono a principianti e professionisti di esplorare il potenziale creativo dell'AI senza barriere, favorendo una cultura della sperimentazione e dell'innovazione continua. Questa trasformazione del processo creativo ha portato a una revisione dei tradizionali metodi di composizione, stimolando una riflessione su cosa significhi creare arte in un'epoca dominata dalla tecnologia. L'AI diventa così un catalizzatore per nuove forme di espressione, capace di amplificare l'ispirazione e di offrire risposte immediate a stimoli artistici, rendendo il percorso dalla concezione all'esecuzione molto più fluido e dinamico. La capacità di integrare input multipli, come dati emotivi e preferenze stilistiche, e di adattarsi in tempo reale alle modifiche richieste, evidenzia come il processo creativo stia evolvendo in un ciclo continuo di feedback e perfezionamento. Gli artisti che hanno adottato questi strumenti testimoniano una maggiore libertà espressiva e una riduzione dei tempi di produzione, potendo concentrarsi maggiormente sull'innovazione e sull'originalità delle proprie opere. Questo approccio interattivo e collaborativo rappresenta un cambiamento di paradigma nel modo di concepire l'arte, dove l'intelligenza artificiale non è vista come una minaccia, ma come uno strumento prezioso che arricchisce il bagaglio creativo di chi lo utilizza.

3.4 Analisi dei cambiamenti nel mercato musicale

I cambiamenti introdotti dall'utilizzo dell'intelligenza artificiale hanno avuto un impatto profondo sul mercato musicale, modificando le dinamiche di produzione, distribuzione e consumo della musica. Il mercato, tradizionalmente dominato da grandi etichette discografiche e da un processo di produzione spesso lungo e costoso, ha visto aprirsi nuove opportunità per artisti indipendenti e creativi che sfruttano le tecnologie digitali per realizzare composizioni di alta qualità in tempi ridotti. L'introduzione di strumenti AI come SunoAI ha permesso di ridurre notevolmente i costi di produzione, consentendo di generare tracce musicali con un impiego minimo di risorse, e rendendo la creazione musicale accessibile anche a chi dispone di budget limitati. Gli algoritmi di generazione musicale sono in grado di analizzare dati e tendenze, fornendo agli artisti informazioni preziose per orientare le proprie scelte stilistiche e per rispondere alle preferenze del pubblico. Ad esempio, piattaforme di streaming integrano sistemi di raccomandazione basati su AI che suggeriscono brani in base al comportamento degli utenti, influenzando così la distribuzione e la visibilità delle opere musicali. Questo fenomeno ha innescato una sorta di democratizzazione del mercato musicale, dove non è più necessario passare attraverso canali tradizionali per raggiungere un vasto pubblico. Gli artisti possono ora pubblicare le proprie creazioni direttamente su piattaforme digitali, sfruttando il potere virale dei social media e delle community online per farsi conoscere. La rapidità con cui l'AI consente di generare nuovi contenuti ha anche portato a un aumento della quantità di materiale disponibile, creando un ambiente altamente competitivo in cui la capacità di distinguersi con originalità e qualità diventa un fattore critico per il successo. Un esempio pratico riguarda l'uso di tecniche di A/B testing applicate alla musica: alcuni artisti creano diverse versioni di uno stesso brano utilizzando parametri differenti, e successivamente analizzano le reazioni del pubblico per scegliere l'output migliore da distribuire su larga scala. Questo approccio, reso possibile dall'AI, consente di ottimizzare le produzioni musicali e di adattarsi rapidamente alle tendenze di mercato. I cambiamenti nel mercato musicale si riflettono anche nel modo in cui i diritti d'autore e le royalties vengono gestiti, poiché la generazione automatizzata di musica solleva nuove questioni legali e contrattuali. Le etichette discografiche, pur mantenendo una forte presenza, stanno dovendo reinventare le proprie strategie per competere con la crescente offerta di brani prodotti in maniera indipendente. La maggiore accessibilità agli strumenti di produzione musicale ha portato alla nascita di nuovi modelli di business, basati su micro-transazioni, abbonamenti e sponsorizzazioni, che permettono agli artisti di monetizzare le proprie opere in maniera flessibile e innovativa. Le piattaforme di distribuzione digitale, supportate da algoritmi di analisi dei dati, offrono inoltre agli artisti la possibilità di monitorare in tempo reale le performance dei propri brani, consentendo interventi tempestivi per migliorare la diffusione e la promozione. Questo nuovo assetto di mercato ha generato un ambiente dinamico e in continua evoluzione, in cui l'innovazione tecnologica e la capacità di adattarsi alle nuove esigenze del pubblico sono elementi fondamentali per il successo commerciale. La trasformazione del mercato musicale, favorita dall'intelligenza artificiale, ha quindi ridisegnato le regole del gioco, creando un ecosistema in cui la creatività si sposa con la tecnologia per dare vita a produzioni musicali di alta qualità e ad un'offerta in continua espansione, capace di soddisfare le esigenze di un pubblico sempre più globale e diversificato.

3.5 Impatto sugli stili e sui generi musicali

L'applicazione dell'intelligenza artificiale nel processo compositivo ha determinato una notevole diversificazione degli stili e dei generi musicali, offrendo agli artisti la possibilità di esplorare combinazioni sonore e fusioni inedite. L'AI, grazie alla capacità di analizzare enormi quantità di dati provenienti da varie tradizioni musicali, è in grado di identificare pattern e correlazioni che portano alla creazione di brani che spesso superano i confini dei generi convenzionali. Questo approccio ha aperto la strada a nuove forme di espressione artistica, dove elementi di musica classica, elettronica, jazz, pop e folk possono essere combinati in modo creativo per produrre opere uniche e sorprendenti. Ad esempio, un compositore può utilizzare un sistema AI per generare una base musicale che integra la complessità armonica del jazz con ritmi moderni e sonorità sintetiche, ottenendo un risultato che fonde il tradizionale con il contemporaneo. Gli strumenti basati su AI permettono inoltre di sperimentare con timbri e strumenti che, in un contesto tradizionale, potrebbero risultare difficili da combinare, favorendo la creazione di generi ibridi e di nuove categorie musicali. Le tecnologie di generazione automatica offrono agli artisti la libertà di giocare con le regole della composizione, sperimentando transizioni e fusioni che portano a risultati inaspettati e originali. La capacità di adattare i parametri musicali in tempo reale consente di modificare il carattere di un brano, passando da uno stile più minimalista a uno arricchito da stratificazioni complesse, in funzione delle preferenze dell'artista e delle reazioni del pubblico.

L'impatto dell'AI si manifesta anche nella democratizzazione dell'accesso alla sperimentazione musicale: grazie a strumenti intuitivi e a un'interfaccia user-friendly, artisti emergenti e professionisti possono testare nuove idee senza dover necessariamente investire in lunghe fasi di sperimentazione manuale. Le community online e i forum dedicati alla musica AI hanno favorito lo scambio di idee e tecniche, contribuendo alla diffusione di nuovi stili musicali e alla nascita di tendenze innovative. Un esempio pratico è rappresentato dalla crescente popolarità di generi come il "lo-fi hip hop" e la "synthwave", che hanno visto un incremento notevole grazie all'utilizzo di algoritmi di generazione sonora che riescono a riprodurre atmosfere nostalgiche e futuristiche in maniera sorprendentemente autentica. Questi sviluppi hanno anche influenzato il modo in cui le produzioni musicali vengono percepite e valutate dal pubblico, creando un ambiente in cui la sperimentazione e l'innovazione vengono premiate. Le piattaforme di streaming, con i loro sistemi di raccomandazione basati su AI, favoriscono la scoperta di brani che sfidano le categorizzazioni tradizionali, permettendo agli ascoltatori di esplorare un panorama musicale sempre più vario e in continua evoluzione. L'integrazione dell'AI nel processo creativo ha dunque avuto un impatto significativo sugli stili musicali, ampliando i confini della composizione e offrendo spunti e soluzioni che non erano mai stati considerati nel passato. Questo fermento creativo si riflette anche nella produzione di colonne sonore per film e videogiochi, dove la capacità di creare ambientazioni sonore che evocano emozioni specifiche ha portato alla nascita di opere che uniscono in maniera armoniosa elementi di vari generi. La diversificazione degli stili musicali, favorita dall'AI, stimola anche la formazione di nuovi trend, che possono influenzare l'intera industria musicale e promuovere una maggiore integrazione tra tradizione e innovazione. Artisti e produttori si trovano così di fronte a un panorama in cui le possibilità creative sono praticamente infinite, con la libertà di sperimentare e combinare elementi in modi che ridefiniscono il concetto stesso di genere musicale. Le collaborazioni tra artisti di diverse provenienze culturali e musicali, supportate dagli strumenti di generazione automatica, contribuiscono a creare un tessuto sonoro globale, in cui la diversità diventa una risorsa preziosa per l'innovazione artistica.

3.6 Collaborazioni tra umani e macchine

Il processo creativo odierno è caratterizzato da una stretta interazione tra l'ingegno umano e le capacità computazionali delle macchine, dando vita a collaborazioni che hanno trasformato il modo di concepire e realizzare la musica. Gli strumenti di intelligenza artificiale permettono agli artisti di integrare il loro contributo personale con il potere elaborativo degli algoritmi, creando un dialogo dinamico in cui ogni parte apporta un valore unico. Ad esempio, un musicista può utilizzare SunoAI per generare una base musicale partendo da un prompt testuale e poi intervenire manualmente per aggiungere dettagli, modificare arrangiamenti o inserire parti soliste che rispecchiano il suo stile personale. Questa sinergia tra l'input creativo umano e l'output elaborato dall'AI permette di ottenere risultati che non sarebbero stati possibili con un approccio tradizionale, offrendo spunti innovativi e nuove direzioni artistiche. Le collaborazioni tra umani e macchine si manifestano anche attraverso progetti condivisi, in cui team di artisti, programmatori e designer lavorano insieme per sviluppare modelli capaci di generare composizioni musicali in risposta a stimoli specifici. In questi contesti, l'AI agisce come un vero e proprio partner, fornendo suggerimenti e varianti che possono essere valutate, adattate e perfezionate in base alle esigenze del progetto. Un esempio pratico di tale collaborazione riguarda l'utilizzo di workshop interattivi, dove partecipanti di diverse discipline sperimentano in tempo reale la generazione di tracce musicali, scambiandosi idee e confrontando risultati ottenuti tramite differenti impostazioni del sistema. Questa modalità di lavoro favorisce una cultura della sperimentazione e dell'apprendimento reciproco, in cui l'AI diventa un catalizzatore di nuove forme di espressione artistica. Le piattaforme online che ospitano community di artisti e sviluppatori svolgono un ruolo fondamentale nel promuovere queste collaborazioni, offrendo spazi virtuali in cui è possibile condividere progetti, feedback e soluzioni tecniche. La condivisione di esperienze e best practice permette agli utenti di migliorare continuamente il processo creativo, integrando le potenzialità dell'AI con il tocco personale e l'esperienza accumulata nel tempo.

L'adozione di tecnologie collaborative ha portato anche alla nascita di eventi e hackathon dedicati alla musica AI, dove squadre multidisciplinari competono per realizzare composizioni originali in tempi brevi, dimostrando come il connubio tra creatività umana e capacità algoritmica possa generare opere di grande impatto emotivo e innovativo. Questi progetti condivisi offrono esempi concreti di come la collaborazione tra umani e macchine possa arricchire il panorama musicale, aprendo nuove prospettive su come interpretare e valorizzare il ruolo della tecnologia nell'arte. Le esperienze documentate da artisti che hanno adottato questo approccio evidenziano un processo creativo caratterizzato da una costante interazione, in cui ogni iterazione e ogni revisione del lavoro rappresenta un'opportunità per sperimentare nuove tecniche e approcci. La sinergia tra l'intervento umano e l'analisi automatizzata permette di superare limiti precedenti, rendendo possibile la creazione di composizioni complesse e stratificate che raccontano storie e suscitano emozioni in maniera sorprendente. Gli strumenti di collaborazione integrati nelle piattaforme AI offrono la possibilità di salvare versioni multiple di un brano, confrontare diverse iterazioni e selezionare gli elementi migliori, creando così un processo decisionale partecipativo e flessibile. Questa modalità di lavoro ha anche implicazioni significative per il futuro della produzione musicale, in cui la capacità di lavorare in team, sfruttando le competenze specifiche di ciascun componente, diventa un vantaggio competitivo in un mercato sempre più dinamico e globale. Le collaborazioni tra umani e macchine si configurano come un nuovo standard per la creatività, in cui la tecnologia non è vista come un sostituto, ma come un potenziatore dell'abilità artistica, capace di amplificare le idee e di tradurle in opere musicali che rispecchiano una sintesi armoniosa tra ragione e sentimento.

3.7 Etica e originalità nella musica AI

L'utilizzo dell'intelligenza artificiale nel processo di composizione musicale solleva importanti questioni etiche e dibattiti riguardanti l'originalità delle opere create con il supporto di sistemi automatizzati. Da un lato, l'AI offre strumenti potenti che permettono di generare composizioni innovative e complesse in tempi ridotti; dall'altro, vi è la preoccupazione che il lavoro creativo possa perdere parte della sua autenticità se troppo affidato a processi algoritmici. Il tema dell'originalità si pone in maniera particolarmente critica quando si considera la natura dei dati da cui gli algoritmi apprendono: i sistemi di intelligenza artificiale sono addestrati su vasti archivi di opere preesistenti, il che solleva interrogativi sul diritto d'autore e sul riconoscimento del lavoro intellettuale umano. Gli artisti e i ricercatori devono confrontarsi con la sfida di definire un equilibrio tra l'innovazione offerta dall'AI e la salvaguardia della creatività individuale. Esempi pratici in questo ambito includono progetti in cui il contributo umano viene integrato con l'output generato automaticamente, in modo che il compositore possa intervenire e modificare i suggerimenti del sistema, rendendo il brano finale frutto di una collaborazione tra l'algoritmo e l'intuizione artistica personale. Questa interazione permette di mantenere un livello di originalità che si distingue dall'omogeneità dei contenuti prodotti esclusivamente da macchine. Le comunità di artisti e i forum di discussione dedicati alla musica AI affrontano spesso questi temi, condividendo esperienze e proponendo linee guida per garantire che l'uso dell'AI non comprometta l'identità e la personalità delle opere musicali. L'etica nella musica generata dall'AI si estende anche alla trasparenza: molti sviluppatori e piattaforme si impegnano a fornire informazioni dettagliate su come gli algoritmi vengono addestrati e su quali dati vengano utilizzati, affinché l'utente possa comprendere a fondo il funzionamento del sistema e valutare criticamente il contributo della tecnologia. Questo livello di trasparenza è fondamentale per costruire fiducia e per garantire che il processo creativo non diventi una mera riproduzione automatica di pattern esistenti, ma un vero e proprio dialogo tra l'intelligenza artificiale e il genio umano. Alcuni esempi pratici di come affrontare queste questioni includono la sperimentazione di interventi manuali su tracce generate dall'AI, l'uso di filtri per evitare ripetizioni eccessive e la documentazione dettagliata del processo creativo, che permette di identificare chiaramente quali parti della composizione siano state generate automaticamente e quali siano il risultato dell'intervento umano. La ricerca di una maggiore originalità comporta anche lo sviluppo di algoritmi che siano in grado di "innovare" piuttosto che limitarsi a replicare schemi noti, spingendo l'AI a produrre risultati che superano il mero aggregato di dati preesistenti. Questo tipo di innovazione etica non solo stimola un dibattito accademico, ma offre anche spunti pratici per artisti che desiderano utilizzare l'AI come strumento di ispirazione, mantenendo al contempo un forte legame con la propria visione creativa. La questione dell'originalità nella musica AI è quindi strettamente legata alla capacità di sfruttare la tecnologia come un mezzo per espandere la creatività, piuttosto che sostituirla, garantendo così che ogni composizione mantenga un'impronta unica e irripetibile. Gli artisti che riescono a integrare questi principi etici nel loro processo creativo sono in grado di produrre opere che non solo rispondono alle esigenze del mercato moderno, ma che rispettano anche il valore intrinseco dell'arte come espressione personale e culturale. La riflessione su etica e originalità diventa pertanto un elemento imprescindibile per chi desidera abbracciare le potenzialità dell'AI, garantendo che l'innovazione tecnologica si traduca in un arricchimento autentico del panorama musicale, piuttosto che in una semplificazione del processo creativo.

3.8 Casi di studio e testimonianze di artisti

I casi di studio e le testimonianze di artisti che hanno integrato l'intelligenza artificiale nei loro processi creativi forniscono preziose evidenze pratiche dell'impatto trasformativo di questa tecnologia sulla composizione musicale. Queste esperienze documentano come musicisti, produttori e compositori abbiano saputo sfruttare strumenti come SunoAI per realizzare opere che uniscono innovazione, tecnica e creatività, dimostrando che l'AI non solo semplifica il processo produttivo, ma può anche aprire nuove prospettive artistiche. Un esempio particolarmente significativo riguarda un artista indipendente che, utilizzando un prompt testuale specifico, ha generato una traccia ambient che ha ottenuto un notevole successo su piattaforme di streaming, grazie alla sua capacità di evocare atmosfere emotive e suggestive. La sua esperienza evidenzia come l'interazione tra l'output dell'AI e il tocco personale del compositore possa produrre risultati unici, capaci di catturare l'attenzione di un pubblico globale. Altri casi di studio documentano la collaborazione tra team multidisciplinari, in cui ingegneri del suono e musicisti lavorano insieme per affinare le composizioni generate automaticamente, integrando elementi di editing manuale e sperimentazione per ottenere prodotti finali di alta qualità. Le testimonianze raccolte in workshop e conferenze dimostrano che l'adozione dell'AI ha permesso a molti artisti di ridurre i tempi di produzione e di sperimentare con nuovi generi, portando a una maggiore diversificazione dell'offerta musicale. Le interviste con professionisti del settore sottolineano come l'uso degli strumenti AI abbia influito positivamente sulla loro capacità di innovare, stimolando una creatività che si esprime attraverso soluzioni inedite e sorprendenti. Un altro esempio pratico riguarda progetti collaborativi in cui più artisti hanno contribuito alla creazione di un brano partendo da input differenti, con il sistema AI che ha saputo integrare e armonizzare le varie idee in una composizione coerente e ben strutturata. Questi casi di studio evidenziano non solo le potenzialità tecniche degli algoritmi di generazione musicale, ma anche l'importanza del contesto umano nel dare significato e profondità alle opere create. Le testimonianze raccolte offrono anche spunti sul futuro della musica, mostrando come l'adozione dell'AI stia portando a una ridefinizione dei ruoli nel processo creativo, in cui il compositore diventa un curatore di idee che si affianca a un sistema in continua evoluzione. Le esperienze condivise da artisti che hanno sperimentato con l'AI sottolineano l'importanza di un approccio integrato, in cui la tecnologia è utilizzata come strumento di ispirazione e non come sostituto del talento creativo. Questo approccio ha portato alla creazione di opere che combinano tradizione e innovazione, evidenziando un percorso di crescita che abbraccia sia l'aspetto tecnico che quello emotivo della composizione musicale. Le evidenze raccolte in questi casi di studio rappresentano un punto di riferimento prezioso per chiunque desideri comprendere le dinamiche della musica generata dall'intelligenza artificiale e come essa possa essere integrata in maniera efficace e proficua nel processo creativo. Gli artisti che condividono le loro esperienze forniscono inoltre suggerimenti pratici e best practice, offrendo una guida operativa per chi si avvicina a questi strumenti con l'intento di sperimentare e innovare, contribuendo a una visione condivisa del futuro della musica.

3.9 Prospettive di innovazione per il futuro

Le prospettive di innovazione nell'ambito della composizione musicale guidata dall'intelligenza artificiale si configurano come un campo in continua evoluzione, dove le tecnologie emergenti promettono di ridefinire ulteriormente il modo in cui la musica viene creata, distribuita e percepita dal pubblico. Con il rapido avanzamento degli algoritmi di deep learning e l'incremento della potenza computazionale, è possibile ipotizzare che le prossime generazioni di strumenti AI saranno in grado di produrre composizioni sempre più sofisticate, in grado di adattarsi in tempo reale alle esigenze espressive degli artisti. Le prospettive future includono l'integrazione di nuove tecnologie, quali l'intelligenza artificiale predittiva, che sarà in grado di anticipare le tendenze musicali e suggerire modifiche e varianti basate sui feedback degli ascoltatori. Un'ulteriore innovazione riguarda l'uso combinato dell'AI con altre tecnologie emergenti, come la realtà aumentata e la realtà virtuale, che permetteranno di creare ambientazioni multisensoriali dove la musica diventa parte integrante di un'esperienza immersiva e interattiva. Queste soluzioni potrebbero aprire la strada a performance dal vivo in ambienti virtuali, in cui il pubblico non solo ascolta, ma interagisce con la musica in maniera diretta, modificando dinamicamente la composizione in base ai movimenti e alle reazioni raccolte in tempo reale. Le ricerche nel campo dell'elaborazione del linguaggio naturale e dell'analisi dei dati stanno già dando i primi frutti, con sistemi capaci di comprendere in maniera più approfondita il contesto emotivo e culturale di un prompt testuale, rendendo possibile la creazione di opere che rispecchiano in maniera più fedele le intenzioni dell'artista. Un ulteriore ambito di sviluppo riguarda la personalizzazione estrema, dove l'AI potrà apprendere dalle preferenze individuali degli utenti, adattando non solo le composizioni musicali, ma anche le modalità di distribuzione e promozione, in modo da creare un'offerta veramente su misura per ogni segmento di pubblico. Le collaborazioni tra università, centri di ricerca e industrie musicali stanno già tracciando la rotta per il futuro, promuovendo progetti di ricerca che combinano la teoria musicale con le più recenti innovazioni tecnologiche, al fine di sviluppare strumenti che possano ampliare ulteriormente il concetto di creatività. Gli artisti che adottano questi nuovi strumenti potranno contare su sistemi sempre più intuitivi e performanti, che li aiuteranno a sperimentare in modo libero e senza limiti, generando opere che integrano elementi di improvvisazione, interattività e personalizzazione. Le prospettive di innovazione per il futuro della musica AI si prefigurano quindi come un terreno fertile per la nascita di nuovi generi e stili, capaci di rispondere in maniera flessibile e dinamica alle esigenze di un mercato in continua trasformazione. Queste innovazioni non solo promettono di trasformare il modo in cui la musica viene creata, ma anche il modo in cui viene percepita e consumata, favorendo un'interazione sempre più stretta tra artista, opera e pubblico, e creando un ecosistema in cui la creatività si sposa con la tecnologia in maniera armoniosa e proficua.

3.10 Sintesi dei vantaggi dell'AI nella composizione

I vantaggi apportati dall'utilizzo dell'intelligenza artificiale nel campo della composizione musicale sono molteplici e si riflettono su vari livelli del processo creativo, dalla generazione dell'idea iniziale fino alla distribuzione dell'opera finita. Uno dei principali benefici riguarda la capacità di accelerare il processo creativo, offrendo agli artisti strumenti che permettono di ottenere risultati in tempi notevolmente ridotti rispetto ai metodi tradizionali. Grazie all'AI, è possibile sperimentare con diverse varianti di un brano in maniera rapida ed efficiente, consentendo di affinare e perfezionare ogni aspetto della composizione senza dover passare ore in studio. Questo aspetto, unito alla possibilità di personalizzare ogni elemento della traccia – dalla scelta degli strumenti alla regolazione delle dinamiche – rappresenta un vantaggio competitivo importante, soprattutto in un mercato in cui la rapidità e l'originalità sono fattori chiave per il successo. Gli strumenti di AI offrono inoltre una precisione analitica che permette di identificare pattern e correlazioni tra elementi musicali, facilitando la creazione di composizioni coerenti e ben strutturate. Un altro vantaggio significativo è la democratizzazione dell'accesso alla produzione musicale: artisti emergenti e professionisti possono contare su strumenti potenti che, senza la necessità di costose attrezzature o competenze tecniche avanzate, consentono di produrre opere di alta qualità. Questo ha contribuito a ridefinire il panorama musicale, abbattendo barriere e favorendo la nascita di nuove forme espressive e di generi innovativi. Inoltre, l'integrazione dell'AI nel processo creativo stimola una maggiore interazione tra uomo e macchina, trasformando il processo di composizione in un dialogo dinamico e collaborativo. L'AI non sostituisce l'intuizione artistica, ma ne potenzia l'efficacia, fornendo spunti, suggerimenti e varianti che permettono di esplorare territori sonori prima inesplorati. Le piattaforme di generazione musicale, attraverso interfacce intuitive e controlli avanzati, offrono agli artisti la possibilità di intervenire direttamente sull'output generato, personalizzandolo in base alle proprie esigenze e rendendolo parte integrante del proprio stile personale. Questo approccio modulare e iterativo ha dimostrato di essere estremamente efficace nel produrre risultati originali e coinvolgenti, capaci di rispondere in maniera flessibile alle richieste del mercato e alle tendenze emergenti. Gli artisti che adottano queste tecnologie testimoniano come l'AI rappresenti un'opportunità per spingersi oltre i limiti della composizione tradizionale, favorendo un'esplorazione continua e una crescita costante delle proprie capacità creative. I benefici si estendono anche alla fase di distribuzione e promozione, dove strumenti di analisi dei dati e sistemi di raccomandazione basati su AI contribuiscono a posizionare le opere in modo strategico, raggiungendo un pubblico sempre più vasto e diversificato. Questa sinergia tra tecnologia e creatività si configura come il motore di una nuova era per la musica, in cui la capacità di innovare e di adattarsi in maniera rapida e dinamica diventa essenziale per il successo artistico e commerciale. Il valore aggiunto dell'AI, pertanto, risiede non solo nella velocità e nell'efficienza del processo creativo, ma anche nella possibilità di sperimentare e di esprimersi in modi che arricchiscono il linguaggio musicale, portando ad una trasformazione radicale dell'intero ecosistema della produzione musicale.

Esercizi di fine capitolo

1. Raccogli e analizza una serie di articoli e ricerche che illustrino la storia e lo sviluppo dell'AI nella musica. Redigi un documento di almeno 1000 parole che sintetizzi le principali tappe evolutive, evidenziando i momenti chiave e i pionieri di questo settore.

2. Sperimenta la generazione di tracce musicali utilizzando strumenti AI. Crea almeno tre composizioni differenti a partire da prompt testuali variabili, documentando in un diario le scelte fatte, le modifiche apportate e i risultati ottenuti, evidenziando come ogni variazione abbia influenzato l'output.

3. Progetta una presentazione multimediale che illustri le collaborazioni tra umani e macchine nel processo creativo. Includi casi di studio e testimonianze di artisti che hanno utilizzato l'AI per comporre musica, e spiega come queste collaborazioni abbiano influito sulla qualità e sull'originalità delle opere prodotte.

Capitolo 4: Creare Testi Originali con ChatGPT

4.1 Introduzione a ChatGPT e alle sue potenzialità

ChatGPT rappresenta una delle innovazioni più interessanti nel campo della generazione automatica di testi, capace di trasformare semplici input testuali in opere letterarie, articoli, poesie e molto altro ancora. Questo strumento, basato su modelli di linguaggio avanzati, offre agli utenti la possibilità di sfruttare la potenza dell'intelligenza artificiale per creare contenuti originali e coinvolgenti, che possono essere impiegati in una vasta gamma di ambiti, dalla scrittura creativa alla generazione di testi per la musica. La particolarità di ChatGPT risiede nella sua capacità di comprendere il contesto, interpretare le sfumature semantiche e produrre testi coerenti che rispecchiano le intenzioni dell'utente. Un utente che si approccia a ChatGPT può iniziare semplicemente inserendo una breve descrizione o un prompt, e il sistema risponderà con una bozza di testo che potrà essere ulteriormente personalizzata e perfezionata. Ad esempio, se un compositore desidera creare un testo per una canzone che trasmetta un senso di nostalgia e speranza, può scrivere un prompt che indichi questi sentimenti e il sistema genererà una base su cui lavorare, offrendo spunti, metafore e strutture narrative che si prestano a un'interpretazione musicale. Le potenzialità di ChatGPT non si limitano alla generazione di testi in forma lineare: il modello è in grado di adattarsi a diversi stili e registri linguistici, dal formale al colloquiale, dal poetico al narrativo, rendendo ogni output personalizzabile in base alle esigenze specifiche dell'utente. Un altro aspetto importante riguarda la capacità di ChatGPT di apprendere dalle interazioni: ogni volta che l'utente fornisce feedback o richiede modifiche, il sistema può affinare ulteriormente il risultato, permettendo di costruire un dialogo creativo continuo. Questo rende il processo di creazione del testo non solo rapido ma anche interattivo, stimolando la sperimentazione e la scoperta di nuove idee. Numerosi esempi pratici dimostrano come artisti e scrittori abbiano già sfruttato ChatGPT per superare il blocco dello scrittore, trovare nuove ispirazioni o semplicemente accelerare il processo di scrittura. Ad esempio, un autore potrebbe utilizzare ChatGPT per ottenere una prima bozza di un racconto, che poi verrà revisionata e arricchita con dettagli personali, oppure un paroliere potrà generare più versioni di un ritornello, scegliendo quella che meglio si adatta all'atmosfera della canzone. Le potenzialità di ChatGPT si estendono anche all'analisi delle tendenze linguistiche, permettendo agli utenti di adottare stili moderni e innovativi che possono rispecchiare il linguaggio contemporaneo. L'integrazione di ChatGPT nel processo creativo offre così un doppio vantaggio: da un lato accelera la scrittura, dall'altro stimola l'innovazione e la sperimentazione, aprendo nuovi orizzonti per la creazione di testi originali e personalizzati. Questo strumento, grazie alla sua flessibilità e alla capacità di adattarsi a diversi contesti, diventa un alleato prezioso per chi desidera esplorare nuove modalità espressive e trasformare la propria creatività in opere scritte che possano essere successivamente integrate in progetti musicali o letterari. L'approccio intuitivo e la possibilità di personalizzazione rendono ChatGPT accessibile sia a scrittori professionisti che a principianti, offrendo un supporto concreto in ogni fase del processo creativo e stimolando una continua interazione che porta a risultati sempre più raffinati e originali.

4.2 Impostare il prompt per testi creativi

Impostare un prompt efficace è il primo passo per sfruttare al massimo le potenzialità di ChatGPT nella generazione di testi creativi. La formulazione del prompt è fondamentale, in quanto rappresenta il punto di partenza da cui il sistema attinge per creare contenuti che rispecchino le intenzioni e il tono desiderato dall'utente. Un prompt ben strutturato dovrebbe essere chiaro, specifico e includere elementi che definiscano il genere, l'atmosfera e lo stile del testo. Ad esempio, se si desidera creare un testo per una canzone che evochi un'atmosfera malinconica e riflessiva, il prompt potrebbe includere descrizioni come "notte stellata", "ricordi sbiaditi" e "eco di vecchie melodie". Questi dettagli aiutano ChatGPT a comprendere il contesto emotivo e a generare un testo che si adatti perfettamente al mood prescelto. La scelta delle parole è cruciale: termini evocativi e specifici permettono al modello di interpretare meglio le sfumature desiderate. Un prompt efficace potrebbe essere formulato in modo da includere anche riferimenti stilistici o a particolari strutture narrative, come "scrivi in stile poetico con rime alternate" oppure "crea un testo narrativo che si sviluppa in tre atti". Questi elementi forniscono una guida precisa al sistema, orientandolo verso una produzione di testo che rispetti determinati schemi e regole. Un altro aspetto importante riguarda il livello di dettaglio: troppo poco può portare a risultati generici, mentre un prompt troppo lungo o complesso rischia di confondere l'algoritmo. La chiave sta nel trovare un equilibrio che consenta di comunicare in maniera efficace le proprie intenzioni senza sovraccaricare il sistema di informazioni. Un esempio pratico di prompt ben formulato potrebbe essere: "Crea un testo per una canzone indie, che parli di un viaggio interiore in un paesaggio urbano notturno, con un tono nostalgico e un ritmo lento, utilizzando immagini poetiche e rime morbide". Questo tipo di prompt offre al modello numerosi spunti su cui basarsi, permettendo di ottenere un output che non solo rispetti la struttura richiesta, ma che sia anche ricco di elementi descrittivi e di un linguaggio evocativo. Durante la fase di sperimentazione, è consigliabile salvare diverse versioni del prompt e analizzare come variazioni nella formulazione possano influenzare il risultato. La pratica costante e la documentazione delle modifiche apportate costituiscono strumenti utili per affinare la capacità di scrivere prompt sempre più efficaci. In molti casi, l'utente può intervenire direttamente sul testo generato, apportando modifiche e aggiustamenti per migliorare la coerenza e l'originalità del risultato finale. Questo approccio iterativo trasforma la scrittura in un processo dinamico e interattivo, dove ogni input diventa un'opportunità per perfezionare la propria espressione creativa. Gli strumenti di feedback integrati in alcune piattaforme che utilizzano ChatGPT permettono di valutare il livello di aderenza del testo al prompt iniziale, fornendo spunti su come migliorare ulteriormente la formulazione. La capacità di impostare un prompt efficace rappresenta quindi un'abilità fondamentale per chi desidera sfruttare le potenzialità dell'intelligenza artificiale nella scrittura creativa, aprendo la strada a contenuti originali e di grande impatto emotivo. Attraverso esercitazioni pratiche e l'analisi di esempi reali, l'utente imparerà a definire prompt che siano non solo chiari e specifici, ma anche capaci di stimolare il processo creativo e di generare testi che possano integrarsi perfettamente in progetti musicali o letterari, trasformando ogni idea in una composizione scritta ricca di significato e bellezza.

4.3 Tecniche per ottenere idee originali

Ottenere idee originali attraverso ChatGPT richiede un approccio strategico che combini tecniche di brainstorming, sperimentazione linguistica e iterazione continua. Una delle strategie più efficaci consiste nell'utilizzare il modello per generare liste di spunti, in cui ogni suggerimento funge da seme per lo sviluppo di un testo più elaborato. Ad esempio, si può iniziare con un prompt che chiede "Elenca cinque concetti evocativi legati al tema della rinascita" e utilizzare i risultati per creare una mappa concettuale che colleghi questi elementi in un testo coerente. La tecnica del brainstorming assistito permette di superare il blocco dello scrittore e di scoprire nuove direzioni creative, sfruttando la capacità del modello di associare idee e immagini in maniera inaspettata. Un'altra tecnica consiste nel "giocare" con le varianti del prompt: modificare leggermente le parole chiave, il tono o lo stile può portare a risultati differenti, fornendo una gamma più ampia di spunti creativi. Ad esempio, trasformare un prompt che inizia con "Crea un testo malinconico" in "Crea un testo che esprima una dolce tristezza" può portare a variazioni nel vocabolario e nell'atmosfera del risultato, offrendo all'utente diverse opzioni da cui trarre ispirazione. L'uso di tecniche narrative, come l'adozione di metafore, analogie e simbolismi, può arricchire ulteriormente il testo generato. Un prompt che richiede di "descrivere una città come un organismo vivente" stimola il modello a produrre descrizioni poetiche e originali, trasformando la realtà in un'immagine suggestiva e nuova. Inoltre, la tecnica dell'interrogazione riflessiva, in cui il modello viene invitato a porsi domande sul tema scelto, può condurre a risposte inaspettate e stimolanti. Ad esempio, un prompt del tipo "Quali sono i segreti nascosti in un tramonto estivo?" spinge ChatGPT a esplorare dimensioni emotive e narrative che potrebbero non emergere con richieste più dirette. Questa metodologia, combinata con l'uso di feedback iterativo – ovvero, la revisione e il perfezionamento continuo dei testi generati – permette di affinare le idee e di trasformare ogni spunto in un concetto originale e ben definito. Un altro approccio utile consiste nell'utilizzare tecniche di scrittura libera, dove l'utente imposta un timer e scrive liberamente per un determinato periodo, lasciando che l'AI completi o espanda il testo. Questa pratica, conosciuta anche come "freewriting", aiuta a superare i limiti dell'autocensura e a scoprire nuovi percorsi narrativi. Le tecniche per ottenere idee originali non sono soltanto teoriche, ma richiedono una pratica costante: l'utente è invitato a documentare le proprie sessioni di scrittura, annotando quali variazioni di prompt hanno portato a risultati più innovativi e quali combinazioni di idee si sono rivelate particolarmente efficaci. Gli esempi pratici includono esercizi di scrittura in cui si chiede di generare più versioni di un testo su un tema comune, per poi analizzare e confrontare le diverse proposte, identificando gli elementi che rendono ogni versione unica. L'uso di strumenti digitali, come mappe mentali e diagrammi di flusso, può aiutare a visualizzare le connessioni tra le idee e a costruire un percorso narrativo coerente. La capacità di ottenere idee originali diventa così una competenza essenziale per chi desidera utilizzare ChatGPT non solo come strumento di generazione automatica, ma come partner creativo capace di arricchire il proprio bagaglio espressivo. Attraverso esercitazioni pratiche e l'analisi delle risposte generate, l'utente potrà sviluppare un metodo personale per stimolare la creatività e per trasformare ogni spunto in un'idea originale, che potrà essere ulteriormente sviluppata e integrata in progetti artistici o musicali, rendendo ogni testo un'opera unica e ricca di significato.

4.4 Strutturare testi coerenti e coinvolgenti
La strutturazione di testi coerenti e coinvolgenti rappresenta una fase cruciale nel processo di scrittura con ChatGPT, in quanto garantisce che il contenuto generato non solo sia fluido e logico, ma riesca anche a catturare l'attenzione del lettore e a trasmettere emozioni in maniera efficace. Una tecnica fondamentale consiste nel definire in anticipo una scaletta o un outline del testo, individuando i punti chiave e le sezioni principali da sviluppare. Ad esempio, per un testo destinato a una canzone, è possibile suddividerlo in strofe, ritornelli e ponti, ciascuno con un obiettivo narrativo e emotivo specifico. Questa struttura di base fornisce un quadro di riferimento che aiuta ChatGPT a mantenere una coerenza interna e a garantire una

progressione logica degli eventi o delle emozioni espresse. Un esempio pratico consiste nel chiedere al modello di creare un "outline" per un testo che racconta la storia di un amore perduto, specificando che il primo paragrafo deve introdurre l'ambientazione, il secondo sviluppare il conflitto emotivo e il terzo portare a una riflessione finale.

Una volta definita la struttura, l'utente può procedere alla generazione di singole sezioni, revisionandole e integrandole per formare un testo unificato. L'uso di segnali testuali e transizioni efficaci è un'altra strategia per garantire la coerenza. Frasi che collegano i paragrafi, l'uso di ripetizioni strategiche di parole chiave o immagini ricorrenti, e la cura nella scelta dei connettivi logici sono tutti elementi che contribuiscono a rendere il testo scorrevole e coinvolgente. ChatGPT può essere programmato per rispettare questa struttura, ad esempio includendo indicazioni come "inizia con un'immagine suggestiva, prosegui con una descrizione emotiva e termina con una riflessione personale". Un ulteriore aspetto riguarda la varietà stilistica: mantenere un tono uniforme all'interno del testo è essenziale per creare un'esperienza di lettura armoniosa, senza bruschi cambiamenti che possano distrarre o confondere il lettore. La revisione iterativa, in cui l'utente rilegge e affina il testo generato, permette di eliminare eventuali incongruenze e di aggiungere dettagli che rafforzino il messaggio complessivo. Esempi pratici includono la generazione di più versioni di un paragrafo e il confronto tra queste per individuare la versione che meglio bilancia chiarezza, originalità e coerenza narrativa. Inoltre, l'utilizzo di tecniche narrative come la costruzione di personaggi ben definiti, l'uso di dialoghi o la creazione di situazioni emotivamente cariche può arricchire il contenuto e renderlo più immersivo per il lettore. Strumenti digitali come software di editing testuale con funzionalità di analisi della coerenza e della fluidità possono essere impiegati per verificare che il testo segua un filo logico costante. Anche l'uso di feedback da parte di altri scrittori o membri della community può essere prezioso per identificare eventuali punti deboli e migliorare la struttura complessiva del testo. La capacità di strutturare testi coerenti e coinvolgenti non solo migliora la qualità del contenuto generato, ma contribuisce anche a formare un linguaggio narrativo personale, che si traduce in opere originali e capaci di emozionare il pubblico. Attraverso l'uso combinato di outline, transizioni ben calibrate e revisione iterativa, l'utente potrà sviluppare competenze avanzate nella scrittura creativa, sfruttando ChatGPT non solo come generatore di testi, ma come strumento di perfezionamento e di innovazione narrativa, trasformando ogni progetto in un'opera integrata e ricca di significato.

4.5 Suggerimenti per la personalizzazione dei contenuti
La personalizzazione dei contenuti generati da ChatGPT rappresenta un aspetto fondamentale per trasformare un testo standard in un'opera unica che rispecchi il tono, lo stile e l'identità personale dell'autore. Questo processo richiede un intervento attivo dell'utente, che, sfruttando le capacità del modello, apporta modifiche e aggiustamenti mirati per adattare il testo alle proprie esigenze creative. Un metodo efficace consiste nel fornire feedback specifici durante la generazione, indicando al modello quali parti

del testo si desidera modificare o approfondire. Ad esempio, se il testo iniziale risulta troppo generico, l'utente può richiedere ulteriori dettagli, chiedendo di "espandere la descrizione del paesaggio" o "inserire elementi emotivi più marcati". Questo dialogo interattivo trasforma il processo in una collaborazione creativa in cui l'AI agisce come supporto, piuttosto che come produttore finale del contenuto. Un altro suggerimento utile riguarda l'uso di preset o template personalizzati, che l'utente può sviluppare nel tempo e utilizzare come base per generare testi coerenti con il proprio stile. Ad esempio, un autore potrebbe creare un modello di prompt che includa una struttura narrativa predeterminata, con sezioni specifiche per introduzione, sviluppo e conclusione, e utilizzarlo per mantenere una coerenza stilistica in tutti i suoi lavori. L'uso di termini e frasi ricorrenti, che siano particolarmente significativi per l'autore, può inoltre aiutare a mantenere un'identità linguistica costante.

Durante il processo di revisione, è consigliabile intervenire manualmente per personalizzare il testo, sostituendo termini generici con espressioni che abbiano un significato particolare per l'autore. La personalizzazione può riguardare anche l'aspetto emotivo: modificare il tono, la scelta delle metafore o l'intensità delle descrizioni può trasformare un testo ordinario in un'opera che comunica in maniera autentica le sensazioni e le esperienze personali. Esempi pratici di personalizzazione includono la sostituzione di frasi standard con aneddoti o riflessioni che rispecchiano la storia personale dell'autore, oppure l'inserimento di riferimenti culturali, storici o artistici che diano un contesto più ricco e distintivo al testo. Un'altra strategia consiste nell'utilizzare versioni multiple del testo generato, confrontandole e combinando gli elementi migliori di ciascuna per creare una versione finale che sia veramente originale e in linea con la propria visione artistica. La possibilità di salvare e archiviare diverse iterazioni permette di rivedere il percorso creativo e di capire quali scelte abbiano portato ai risultati più efficaci, facilitando il miglioramento continuo delle proprie competenze narrative. La personalizzazione dei contenuti non è solo una questione di stile, ma anche di precisione nell'esprimere concetti e emozioni che siano autentici e riconoscibili. L'utente è invitato a sperimentare liberamente, provando diverse combinazioni di parole e strutture per trovare quella che meglio si adatta alla propria identità creativa. Questa pratica, oltre a rendere il testo unico, aiuta a sviluppare un proprio linguaggio artistico che si distingue nel panorama della scrittura automatizzata. La capacità di personalizzare i contenuti diventa così un elemento chiave per sfruttare al massimo le potenzialità di ChatGPT, trasformando il modello in uno strumento che amplifica l'espressione individuale e consente di creare opere che siano davvero rappresentative del proprio mondo interiore. Attraverso esercitazioni pratiche e revisioni costanti, l'utente potrà affinare le proprie abilità nel personalizzare i testi, acquisendo una maggiore padronanza del processo creativo e sviluppando un output che si distingua per originalità, coerenza e profondità emotiva.

4.6 Esempi pratici di prompt e risultati
L'uso di esempi pratici di prompt e dei relativi risultati

generati da ChatGPT rappresenta un valido strumento per comprendere come diverse formulazioni possano influenzare la qualità e lo stile del testo prodotto. Un esempio concreto potrebbe essere un prompt pensato per generare il testo di una canzone romantica, che include elementi quali "notte d'estate", "sussurri nel vento" e "promesse sotto le stelle". Quando questo prompt viene inserito nel sistema, ChatGPT può produrre una strofa che trasmette un senso di intimità e delicatezza, integrando immagini evocative e un linguaggio poetico che rispecchia le emozioni attese. In un altro esempio, un prompt orientato a un testo narrativo con toni epici e avventurosi, contenente frasi come "viaggio attraverso terre sconosciute", "sfide impossibili" e "eroi leggendari", può portare alla generazione di un racconto breve in cui il ritmo narrativo è incalzante e la struttura segue un arco narrativo classico con introduzione, conflitto e climax. Questi esempi dimostrano come la scelta delle parole, la specificità del contesto e la definizione dello stile influenzino direttamente il risultato finale. Un ulteriore esempio pratico riguarda l'uso di prompt che richiedono un approccio interattivo: l'utente può iniziare con un testo generato e poi chiedere di modificarlo o di ampliarlo, ad esempio richiedendo di "espandere la parte relativa al momento di svolta emotivo" o "inserire un dialogo che evidenzi il conflitto interiore del protagonista". Questo tipo di iterazione permette di ottenere un testo che si evolve in base alle indicazioni e che diventa progressivamente più sofisticato. Un altro caso interessante si presenta quando si utilizzano prompt che combinano diversi generi: ad esempio, un prompt che chiede di "creare un testo che unisca elementi di poesia moderna e narrazione noir" può portare a risultati sorprendenti, dove la fusione di stili crea un'atmosfera unica e originale. La documentazione degli esempi pratici, attraverso la raccolta di diverse versioni generate a partire da prompt variabili, offre agli utenti la possibilità di confrontare i risultati e di comprendere quali formulazioni producono testi più coerenti e coinvolgenti. Le piattaforme che integrano ChatGPT spesso permettono di salvare le sessioni e di analizzare le modifiche apportate, fornendo un feedback prezioso per migliorare la formulazione dei prompt. L'approccio sperimentale, che prevede l'utilizzo di diverse versioni e la selezione degli elementi migliori, è fondamentale per sviluppare un metodo personale di scrittura assistita dall'AI. Gli esempi pratici di prompt e risultati rappresentano quindi una guida operativa che non solo illustra le potenzialità del modello, ma stimola anche l'utente a esplorare continuamente nuove formulazioni e a sviluppare un proprio stile narrativo, capace di coniugare originalità e coerenza. Attraverso esercizi mirati, come la generazione di più varianti di un testo e il confronto tra i vari output, l'utente potrà acquisire una maggiore consapevolezza delle dinamiche di creazione e imparare a sfruttare al meglio ChatGPT per ottenere risultati che siano in linea con le proprie aspettative creative, rendendo ogni prompt un'opportunità per migliorare la propria espressione artistica.

4.7 Integrazione dei testi nella musica
L'integrazione dei testi generati con ChatGPT nella composizione musicale rappresenta una fase cruciale per coloro che desiderano creare canzoni originali e

coinvolgenti, in cui le parole non solo accompagnano, ma esaltano l'esperienza sonora complessiva. Questo processo implica non solo la semplice trascrizione di un testo, ma la sua armonizzazione con le melodie, i ritmi e le dinamiche della composizione musicale. Un approccio pratico consiste nell'utilizzare i testi generati come base per la strutturazione di una canzone, suddividendoli in parti come strofe, ritornelli e ponti, e adattando ciascuna sezione al flusso musicale desiderato. Ad esempio, un testo generato per una canzone indie potrebbe essere diviso in strofe che raccontano una storia con dettagli poetici, mentre il ritornello viene reso più incalzante e orecchiabile per favorire la memorabilità. L'uso di ChatGPT permette di sperimentare con diverse versioni del testo, verificando quale combinazione di parole e rime si adatti meglio alla melodia creata o a quella in fase di composizione. Un esempio pratico può essere rappresentato dalla generazione di più varianti di un ritornello: l'utente può richiedere a ChatGPT di produrre differenti versioni del ritornello, confrontare i risultati e scegliere quella che risuona di più con il mood musicale. Inoltre, l'integrazione dei testi nella musica richiede una particolare attenzione alla sincronia tra ritmo e parola, affinché il flusso narrativo si adatti al tempo musicale e crei un effetto armonico. Ciò significa che, durante la fase di revisione, l'utente dovrà intervenire per modificare la lunghezza delle frasi, l'uso delle pause e la disposizione delle rime, in modo da creare un equilibrio perfetto tra il testo e la melodia. Alcuni strumenti digitali permettono di visualizzare il testo sincronizzato con la partitura o con la traccia audio, facilitando l'allineamento e la correzione di eventuali discrepanze. Un ulteriore aspetto riguarda l'uso di effetti vocali e modulazioni, che possono essere programmati per enfatizzare particolari momenti del testo, rendendo la performance più intensa e coinvolgente. Le collaborazioni tra parolieri e produttori musicali che utilizzano ChatGPT dimostrano come la personalizzazione del testo possa trasformarsi in un potente elemento espressivo, capace di evocare emozioni e creare un legame profondo con l'ascoltatore. Gli esempi pratici includono sessioni in cui un autore utilizza il testo generato come traccia guida per una registrazione vocale, intervenendo successivamente con modifiche per adattare il ritmo della parola alla struttura della canzone. Questo processo iterativo, in cui il testo viene continuamente raffinato in base alle esigenze musicali, permette di ottenere un prodotto finale che sia coerente e ricco di significato. L'integrazione dei testi nella musica rappresenta dunque una sintesi perfetta tra parola e suono, in cui ogni elemento contribuisce a creare un'esperienza artistica completa. Gli utenti che desiderano intraprendere questo percorso sono invitati a sperimentare con diverse configurazioni, salvando le varie versioni e confrontando i risultati per identificare il mix ottimale che renda omaggio sia alla potenza del testo che a quella della melodia. La sinergia tra il lavoro creativo dell'AI e l'intervento umano in fase di editing e sincronizzazione diventa così il cuore pulsante di una nuova forma di composizione musicale, che abbraccia l'innovazione tecnologica senza rinunciare alla profondità espressiva.

4.8 Analisi delle tendenze linguistiche e stilistiche
L'analisi delle tendenze linguistiche e stilistiche dei testi

generati da ChatGPT offre agli utenti la possibilità di comprendere e sfruttare le dinamiche evolutive del linguaggio nel contesto creativo. Questo processo di analisi si basa sull'osservazione attenta delle scelte lessicali, della struttura sintattica e del tono adottato nei testi, elementi che possono variare significativamente in base al prompt e alle specifiche richieste dell'utente. Un approccio efficace consiste nell'utilizzare il modello per generare testi in risposta a prompt che richiedono stili differenti, ad esempio uno stile poetico per una canzone romantica e uno più diretto e narrativo per un brano pop. Confrontando i risultati, l'utente potrà identificare quali scelte stilistiche siano più efficaci nel trasmettere le emozioni desiderate e come le variazioni di registro possano influenzare l'interpretazione del testo. Un esempio pratico riguarda l'uso di aggettivi evocativi e di strutture retoriche che richiamano immagini potenti: testi che utilizzano metafore originali, simili a "il cuore che batte come un tamburo in una notte senza stelle" possono creare un impatto emotivo molto forte, mentre strutture più semplici possono risultare più accessibili e dirette. L'analisi delle tendenze linguistiche si estende anche alla capacità del modello di adattarsi alle evoluzioni culturali e ai cambiamenti del linguaggio, un aspetto fondamentale in un'epoca in cui il modo di comunicare è in costante trasformazione. Gli utenti possono utilizzare strumenti di analisi testuale per verificare la frequenza di determinate parole, il ritmo delle frasi e la presenza di schemi ripetitivi, ottenendo così una visione approfondita di come il testo si conformi alle tendenze attuali. Questa analisi può servire da guida per migliorare la scrittura, aiutando a perfezionare il tono e lo stile in modo che il contenuto finale sia non solo originale, ma anche in linea con le aspettative del pubblico moderno. Inoltre, comprendere le tendenze linguistiche permette di anticipare le preferenze del mercato, fornendo spunti utili per la creazione di testi che risuonino con il lettore e si distinguano in un panorama sempre più competitivo. Esempi pratici includono l'analisi comparativa di testi generati in momenti diversi, per osservare come il modello evolva e si adatti a nuove influenze stilistiche, oppure il confronto tra output ottenuti con prompt leggermente modificati per valutare l'impatto di specifiche scelte lessicali. Questa capacità di analisi, unita alla possibilità di personalizzare ulteriormente i contenuti, rappresenta un vantaggio strategico per chi utilizza ChatGPT nella scrittura creativa. Gli utenti sono incoraggiati a documentare le proprie osservazioni e a creare report che evidenzino le tendenze riscontrate, integrando queste informazioni nel proprio processo creativo per ottenere testi sempre più raffinati e in sintonia con il contesto culturale attuale. L'approccio analitico alla scrittura consente di trasformare ogni output in un'opportunità di miglioramento, rendendo il processo di generazione testuale non solo un mezzo per ottenere un prodotto finale, ma anche un percorso di crescita personale e professionale che arricchisce il linguaggio e stimola la creatività.

4.9 Superare il blocco dello scrittore con l'AI

Il blocco dello scrittore rappresenta una delle sfide più comuni per chiunque si dedichi alla creazione di contenuti, e l'introduzione di strumenti come ChatGPT offre nuove strategie per superare questo ostacolo e stimolare la creatività. Quando l'ispirazione si esaurisce, il modello di intelligenza artificiale può intervenire fornendo spunti, frasi e idee che fungono da trampolino di lancio per riprendere il flusso narrativo. Un metodo pratico per sfruttare ChatGPT in questo contesto consiste nel porre domande aperte o chiedere al modello di generare liste di idee su un determinato argomento. Ad esempio, un autore che si trova in difficoltà potrebbe chiedere: "Quali sono cinque immagini evocative legate all'autunno?" e utilizzare le risposte per stimolare nuove connessioni narrative. Questo approccio, che sfrutta il potere dell'AI come fonte di ispirazione, consente di riformulare il pensiero e di superare la sensazione di stasi creativa. Un altro strumento efficace consiste nel "ricominciare da capo" utilizzando tecniche di scrittura libera: si può impostare un timer e lasciare che ChatGPT generi un testo senza una struttura predefinita, per poi rivedere e selezionare le parti che risaltano per originalità e potenzialità. La possibilità di generare più versioni di un testo, variando il prompt o alcuni parametri, offre un ventaglio di soluzioni tra cui scegliere, facilitando la scelta del percorso narrativo migliore. Esempi pratici includono sessioni di brainstorming assistito, in cui l'utente raccoglie tutti gli output generati e li organizza in una mappa concettuale, individuando i temi ricorrenti e costruendo su questi la struttura di un nuovo racconto o di una canzone. Inoltre, l'interazione iterativa con il modello, in cui ogni output viene modificato e raffinato attraverso feedback specifici, contribuisce a ridurre il blocco dello scrittore, trasformando il processo di generazione testuale in un dialogo creativo continuo. Le tecniche per superare il blocco non si limitano alla mera generazione di idee, ma includono anche esercizi di rilassamento e di meditazione, che possono essere combinati con l'uso di ChatGPT per creare un ambiente mentale favorevole alla creatività. L'utilizzo di prompt che richiedono la descrizione di emozioni o di scenari immaginari aiuta a stimolare l'immaginazione e a rompere la rigidità del pensiero, aprendo la mente a nuove possibilità espressive. Gli utenti che si trovano di fronte al blocco dello scrittore sono invitati a considerare l'AI come un partner attivo, capace di offrire non solo soluzioni immediate, ma anche di fungere da catalizzatore per un processo creativo più fluido e spontaneo. L'esperienza di superare il blocco attraverso l'uso di ChatGPT diventa così un percorso di autoscoperta, in cui ogni suggerimento e ogni frase generata contribuisce a risvegliare l'ispirazione e a rinnovare la passione per la scrittura. La documentazione dei progressi, attraverso diari di scrittura e analisi dei cambiamenti nei testi, permette di valutare l'efficacia di queste tecniche e di sviluppare un metodo personale per gestire i momenti di stasi creativa, trasformando ogni difficoltà in un'opportunità di crescita artistica.

4.10 Ottimizzare e revisionare i testi generati
L'ottimizzazione e la revisione dei testi generati da ChatGPT sono fasi fondamentali per trasformare un output iniziale in un'opera raffinata e perfettamente in linea con le proprie intenzioni creative. Questo processo prevede un intervento attivo dell'utente, che analizza il testo prodotto, identifica eventuali incoerenze o punti deboli e interviene per migliorarne la struttura, lo stile e il contenuto emotivo. Un primo approccio consiste nel

rileggere il testo generato per intero, annotando le parti che risultano particolarmente efficaci e quelle che necessitano di approfondimento o modifica. Tecniche di editing tradizionale, come la correzione della sintassi, l'ottimizzazione del vocabolario e la revisione della coerenza narrativa, vengono integrate con suggerimenti forniti dallo stesso modello. Ad esempio, l'utente può chiedere a ChatGPT di "riformulare" una determinata sezione del testo in modo da renderla più fluida o di "espandere" un paragrafo che risulta troppo sintetico. Questo processo iterativo di revisione permette di affinare progressivamente il testo, trasformandolo in un'opera che rispecchia pienamente le aspettative e l'identità creativa dell'autore. L'utilizzo di strumenti di analisi testuale, che evidenziano la frequenza delle parole, la lunghezza delle frasi e la distribuzione dei temi, può essere particolarmente utile per individuare eventuali ripetizioni o incongruenze che potrebbero indebolire il messaggio. Un ulteriore strumento di ottimizzazione consiste nel "split-screen", ovvero nel confrontare il testo originale con le versioni modificate, valutando quali scelte stilistiche e lessicali abbiano prodotto un risultato migliore. Un esempio pratico di revisione consiste nell'utilizzo di un prompt secondario che chiede al modello di "rifinire" il testo generato, concentrandosi su aspetti come la fluidità del racconto e la coerenza emotiva. Questo tipo di operazione consente di ottenere un output più equilibrato e armonioso, che unisce la spontaneità dell'AI con l'occhio critico dell'utente. La revisione non si limita solo alla forma, ma anche al contenuto: rivedere il significato, rafforzare i temi centrali e aggiungere dettagli che possano arricchire la narrazione sono passaggi essenziali per garantire che il testo finale abbia un impatto emotivo e comunicativo elevato. Gli utenti sono incoraggiati a sperimentare diverse strategie di revisione, documentando i miglioramenti apportati e valutando quali modifiche abbiano reso il testo più coerente e coinvolgente. La capacità di ottimizzare e revisionare i testi rappresenta quindi una competenza essenziale per sfruttare appieno le potenzialità di ChatGPT, trasformando l'output iniziale in un'opera finita che rispecchi la propria visione artistica e che sia in grado di comunicare efficacemente con il pubblico. Attraverso esercizi pratici di editing e l'uso combinato di feedback automatico e intervento umano, l'utente svilupperà una metodologia di revisione personalizzata, capace di elevare la qualità dei contenuti e di garantire un risultato finale di alto livello, integrando perfettamente creatività, tecniche narrative e precisione espressiva.

Esercizi di fine capitolo

1. Scegli un argomento di tua preferenza e crea almeno tre prompt differenti per generare un testo con ChatGPT. Confronta i risultati ottenuti, annotando quali variazioni nel prompt abbiano portato a output più originali e coinvolgenti.

2. Utilizza un testo generato da ChatGPT come base per una canzone o un racconto. Suddividi il testo in sezioni (strofe, ritornelli, paragrafi narrativi) e intervenire manualmente per migliorarne la coerenza e l'armonia con una melodia o un tema

visivo. Documenta le modifiche apportate e spiega le ragioni dietro ogni scelta stilistica.

3. Crea un report di revisione di un testo generato da ChatGPT, analizzando le tendenze linguistiche, il tono e la struttura. Utilizza strumenti di analisi testuale (come software di editing o semplici fogli di calcolo) per identificare ripetizioni e incongruenze, e riscrivi il testo integrando i suggerimenti ottenuti.

Capitolo 5: Tecniche per Creare Brani Musicali Unici con SunoAI

5.1 Concetti base della composizione musicale AI
La composizione musicale attraverso l'uso dell'intelligenza artificiale si fonda su concetti che vanno ben oltre la semplice generazione di note. In questo ambito, SunoAI si presenta come uno strumento capace di tradurre un'idea testuale in una struttura musicale articolata, partendo dalla base teorica della musica e integrando processi algoritmici che analizzano e riproducono pattern sonori riconoscibili. Questo processo si basa su algoritmi di deep learning che hanno "imparato" le regole della teoria musicale attraverso l'analisi di migliaia di brani, permettendo così di replicare progressioni armoniche, ritmi e timbri che si adattano a stili e generi diversi. La comprensione di questi concetti base risulta fondamentale per sfruttare appieno le potenzialità di SunoAI: l'utente deve essere in grado di definire un input testuale che contenga le informazioni necessarie per orientare la generazione musicale, come la tonalità, il tempo e l'atmosfera desiderata. Per esempio, un prompt che descrive "un brano meditativo in tonalità minore con ritmo lento e arrangiamenti minimalisti" guiderà il sistema a produrre una composizione che rispecchia questi parametri, dando luogo a una traccia che potrà poi essere ulteriormente personalizzata. La comprensione del concetto di "pattern" musicale, ovvero la ripetizione di sequenze di accordi, melodie e ritmi,

permette di identificare come l'algoritmo possa sintetizzare e rielaborare queste informazioni per generare nuove opere.

Questa base teorica è affiancata da un approccio pratico che prevede la sperimentazione e l'osservazione diretta dei risultati ottenuti, consentendo all'utente di comprendere come piccole variazioni nel prompt possano modificare l'output.

Un ulteriore aspetto fondamentale riguarda la capacità del sistema di apprendere e migliorare attraverso il feedback; ogni iterazione diventa un'opportunità per perfezionare la traccia musicale, rendendo il processo non statico ma dinamico e iterativo.

Gli esempi pratici includono esercitazioni in cui si parte da una composizione generata automaticamente e si interviene per modificare elementi come la progressione degli accordi o la scelta degli strumenti, osservando come tali modifiche influiscano sull'armonia e sul ritmo complessivo del brano.

La conoscenza dei concetti base, dunque, non è soltanto teorica ma si traduce in abilità operative, dove il compositore diventa un curatore di idee che sa utilizzare il supporto dell'AI per espandere il proprio linguaggio musicale.

Questo concetto di base rappresenta il pilastro su cui si fonda l'intero processo creativo: senza una solida comprensione della struttura musicale, ogni intervento del sistema rischierebbe di essere casuale o privo di coerenza.

Pertanto, è importante che l'utente si familiarizzi con le nozioni di armonia, ritmo, dinamica e timbro, integrandole con le possibilità offerte da SunoAI per ottenere brani unici e personalizzati. Attraverso esercizi pratici e sperimentazioni guidate, si può imparare a riconoscere quali siano gli elementi essenziali per la creazione di una composizione coerente, sviluppando così un metodo personale di utilizzo dell'AI che valorizzi la creatività individuale. Questo primo passo teorico-pratico pone le basi per l'intero percorso di composizione, rendendo possibile una gestione consapevole e produttiva degli strumenti di intelligenza artificiale applicati alla musica.

5.2 Scelta degli stili e dei generi musicali

La scelta degli stili e dei generi musicali è un passaggio cruciale nella composizione assistita da SunoAI, poiché definisce le linee guida che orientano il processo creativo. L'utente deve essere in grado di identificare il genere che più si adatta alle proprie intenzioni artistiche, che si tratti di musica elettronica, pop, rock, classica o sperimentale, per guidare il sistema nella generazione di una traccia che rispecchi fedelmente quel particolare stile. SunoAI offre la possibilità di selezionare tra numerose opzioni predefinite, che vanno dai generi tradizionali a quelli più innovativi, consentendo di sperimentare con diverse combinazioni e di scoprire nuove fusioni. Per esempio, un compositore che intende creare un brano con influenze jazz potrebbe impostare il prompt specificando "utilizza progressioni armoniche tipiche del jazz, con un ritmo sincopato e l'uso di strumenti come il sassofono e il contrabbasso". In questo modo, il sistema non solo genererà elementi che richiamano il jazz, ma potrà anche integrare elementi di improvvisazione e complessità ritmica tipici del genere. La scelta del genere non si limita a una questione di preferenza personale, ma ha anche implicazioni tecniche: ogni stile musicale ha regole, strutture e timbri caratteristici, e la capacità di SunoAI di replicare questi elementi dipende dalla precisione del prompt. La sperimentazione con diversi generi, attraverso la modifica di parametri e l'osservazione degli output, permette di comprendere come il sistema si adatti alle diverse richieste e come piccoli aggiustamenti possano alterare significativamente il risultato finale. Un approccio pratico consiste nell'utilizzare SunoAI per generare versioni multiple di un brano, ognuna in un genere differente, e poi confrontare gli output per valutare quale versione risulti più coerente e piacevole. La scelta degli stili e dei generi si integra anche con la definizione dell'atmosfera e del mood desiderato: ad esempio, per un brano rilassante adatto a momenti di meditazione, si potrebbe optare per un genere ambient o chill-out, mentre per una traccia energica destinata a eventi dal vivo, si potrebbero preferire stili come l'elettronica o il pop dinamico. Inoltre, l'utente può combinare elementi di più generi per creare un mix originale, sperimentando con fusioni che non sarebbero possibili utilizzando esclusivamente metodi tradizionali. Questa capacità di integrazione e sperimentazione rappresenta uno dei maggiori vantaggi offerti da SunoAI, poiché permette di superare i confini convenzionali e di dare vita a composizioni uniche e innovative. L'analisi delle differenze tra i vari generi musicali e la comprensione dei loro elementi distintivi, come le progressioni armoniche, i ritmi e l'uso degli strumenti, forniscono all'utente gli strumenti per formulare prompt più precisi e mirati. Attraverso esercizi di confronto e analisi, il compositore impara a riconoscere quali siano le caratteristiche essenziali di ogni genere, sviluppando così un orecchio critico che gli consente di valutare i risultati in maniera accurata. Questo processo di scelta e sperimentazione diventa un vero e proprio laboratorio creativo, in cui ogni variazione del prompt porta a nuove scoperte e a una comprensione più profonda del proprio stile musicale. La capacità di scegliere con consapevolezza il genere musicale da adottare, quindi, non solo arricchisce il processo di composizione, ma permette anche di sviluppare un'identità artistica ben definita, che si riflette in ogni traccia creata con SunoAI. La continua interazione tra il compositore e il sistema favorisce un ciclo virtuoso di apprendimento, dove ogni esperimento contribuisce a perfezionare la tecnica e a consolidare il proprio linguaggio musicale personale.

5.3 Sperimentare con diversi prompt testuali

La sperimentazione con diversi prompt testuali è uno degli aspetti più dinamici e fondamentali per ottenere risultati unici con SunoAI, poiché consente di esplorare la vasta gamma di output che il sistema è in grado di generare a partire da differenti input. Ogni prompt, infatti, funge da punto di partenza per la composizione musicale e, variandolo in termini di contenuto, tono e dettagli, l'utente può osservare come il modello reagisca e si adatti alle diverse richieste. Un approccio pratico consiste nell'elaborare una serie di prompt che descrivono scenari, emozioni e atmosfere differenti; per esempio, un prompt che chiede "Crea una traccia che evochi la sensazione di una passeggiata notturna in città" porterà a un output caratterizzato da elementi sonori che richiamano il ritmo urbano, mentre un prompt come "Genera una melodia che trasmetta la tranquillità di un paesaggio naturale al tramonto" indurrà il sistema a produrre un arrangiamento più morbido e rilassante. La variazione dei prompt permette di comprendere non solo come il sistema interpreta il linguaggio, ma anche come le sfumature delle parole influenzino il risultato finale. Durante questo processo, l'utente può prendere nota delle combinazioni di parole che producono output particolarmente originali o che si adattano meglio alle proprie aspettative. Un'altra tecnica utile consiste nel modificare progressivamente il prompt: si parte da una descrizione generica e poi si aggiungono dettagli, come la specifica di un particolare strumento o di una dinamica ritmica, osservando come ogni modifica incida sulla composizione. Ad esempio, partendo da "Crea una traccia lenta e malinconica", l'utente potrebbe espandere il prompt in "Crea una traccia lenta e malinconica in tonalità minore, con un pianoforte che esegue arpeggi delicati e un sottofondo di archi che enfatizza la nostalgia". Questo processo iterativo consente di affinare il prompt fino a ottenere un output che rispecchi in maniera precisa le intenzioni creative. Un ulteriore aspetto della sperimentazione riguarda la variazione del tono e dello stile; ad esempio, si può provare a utilizzare un linguaggio più poetico o, al contrario, più diretto e conciso, per verificare quale approccio dia vita a composizioni che risultino più coinvolgenti o originali. Gli esercizi pratici possono includere la creazione di una serie di prompt tematici e la comparazione degli output, per individuare le formule linguistiche che generano le tracce più efficaci. Questo metodo sperimentale non solo aiuta a perfezionare la capacità di comunicare le proprie idee all'AI, ma stimola anche il processo creativo dell'utente, che diventa più consapevole della relazione tra linguaggio e musica.

Attraverso la documentazione e l'analisi dei risultati ottenuti, il compositore impara a riconoscere quali variazioni testuali abbiano prodotto le trasformazioni più interessanti nelle composizioni, sviluppando così un proprio metodo di "scripting" creativo. Questa fase di sperimentazione è essenziale per comprendere a fondo le potenzialità di SunoAI e per sviluppare una sensibilità che permetta di utilizzare il sistema come un vero e proprio strumento di espressione artistica, capace di tradurre in musica le più sottili sfumature del pensiero e delle emozioni.

5.4 Uso di SunoAI per la creazione di melodie

L'utilizzo di SunoAI per la creazione di melodie rappresenta un'applicazione pratica che permette di tradurre idee e ispirazioni in sequenze musicali articolate e personalizzate. La piattaforma sfrutta algoritmi avanzati per generare linee melodiche partendo da prompt testuali che descrivono il mood, il ritmo e la tonalità desiderati, offrendo così al compositore un'ampia varietà di opzioni su cui lavorare. Un esempio pratico consiste nell'impostare un prompt che richiede "una melodia dolce e nostalgica in tonalità di La minore, con un andamento lento e l'uso di un piano come strumento principale". In risposta, SunoAI produrrà una sequenza melodica che rispecchia queste indicazioni, includendo variazioni ritmiche e armoniche che possono servire da base per ulteriori arricchimenti. Il vantaggio di utilizzare un sistema come SunoAI è che esso consente di sperimentare con diverse varianti in tempi molto ridotti, permettendo di generare molteplici proposte in pochi minuti, ciascuna con caratteristiche uniche. Il processo di creazione di melodie con SunoAI può essere suddiviso in più fasi: inizialmente, l'utente definisce il prompt e lascia che il sistema generi una prima bozza; successivamente, si passa a una fase di ascolto critico, in cui si valutano le linee melodiche prodotte e si scelgono gli elementi più interessanti. Una volta identificati i segmenti di maggiore potenziale, l'utente può intervenire manualmente per modificarli, aggiungere variazioni e integrare altri strumenti o elementi ritmici che arricchiscono il risultato finale. Un ulteriore aspetto interessante riguarda la possibilità di combinare melodie generate separatamente, creando composizioni ibride che fondono diverse influenze e stili. Per esempio, un compositore può generare una melodia principale utilizzando un prompt dedicato e poi creare un contrappunto con un altro prompt che richiede una linea secondaria più vivace o dinamica. L'interazione tra le due tracce può portare alla nascita di arrangiamenti complessi e originali, che rappresentano una sintesi armonica di differenti spunti creativi. La creazione di melodie con SunoAI non è soltanto un processo automatico, ma un dialogo continuo tra l'utente e il sistema: l'ascolto critico e il feedback iterativo sono elementi fondamentali per affinare la composizione. Attraverso sessioni di sperimentazione, il compositore impara a riconoscere quali caratteristiche melodiche si adattano meglio al contesto emotivo e quali modifiche possono essere apportate per rendere la traccia più coinvolgente. La documentazione degli esperimenti, con la registrazione di più versioni e la comparazione degli output, aiuta a sviluppare un metodo di lavoro che combina l'innovazione tecnologica con la sensibilità artistica. In questo modo, SunoAI diventa non solo uno strumento di generazione, ma un vero e proprio partner creativo che stimola l'innovazione e permette di scoprire nuove sonorità, trasformando ogni ispirazione in una melodia unica e personalizzata.

5.5 Personalizzazione di arrangiamenti e ritmi

La personalizzazione di arrangiamenti e ritmi attraverso SunoAI permette di trasformare una composizione di base in un'opera musicale ricca di dettagli e carattere, adattandola perfettamente alle esigenze e alle preferenze artistiche dell'utente. Questo processo prevede l'uso di controlli avanzati che consentono di modificare la struttura della traccia, intervenendo su elementi come la disposizione degli strumenti, la sequenza degli accordi e la variazione dei ritmi. Un esempio pratico potrebbe essere quello di partire da una traccia generata automaticamente che presenta una struttura semplice e lineare, per poi utilizzare le funzionalità di editing per suddividere il brano in sezioni distinte: introduzione, strofe, ritornello, ponte e finale. Ogni sezione può essere personalizzata per enfatizzare particolari aspetti emotivi o tecnici. Ad esempio, l'introduzione potrebbe essere arricchita con un arpeggio delicato, mentre il ritornello viene potenziato con un ritmo più energico e un uso accentuato di percussioni, creando un contrasto dinamico che rende il brano più avvincente. L'utente ha la possibilità di modificare il ritmo attraverso l'uso di slider o parametri specifici che controllano il tempo e la dinamica, consentendo di ottenere variazioni sottili o marcate a seconda del mood desiderato. La personalizzazione degli arrangiamenti non si limita solo alla variazione dei ritmi, ma comprende anche la scelta degli strumenti virtuali da utilizzare, la definizione degli effetti sonori e la gestione dei livelli di volume e panning. Per esempio, si può decidere di sostituire un suono di synth standard con uno più ricco e stratificato, oppure di aggiungere effetti di riverbero e delay che conferiscono profondità alla composizione. L'uso di SunoAI permette di sperimentare in modo iterativo: l'utente può generare diverse versioni dello stesso brano, confrontare gli output e combinare le parti migliori per creare una versione finale che rispecchi pienamente la propria visione creativa. Un ulteriore aspetto riguarda l'integrazione di elementi ritmici non convenzionali, come pattern poliritmici o sequenze sincopate, che arricchiscono il tessuto musicale e conferiscono originalità alla composizione. Questo approccio permette di superare i limiti dei modelli standard e di sviluppare arrangiamenti che siano veramente unici. La personalizzazione degli arrangiamenti e dei ritmi diventa così una forma d'arte, in cui ogni modifica e ogni scelta stilistica contribuisce a definire l'identità sonora del brano. Attraverso l'uso costante di questi strumenti, il compositore acquisisce una maggiore padronanza delle tecniche di editing e sviluppa un orecchio critico che gli consente di valutare e perfezionare ogni aspetto della traccia. L'obiettivo è creare un prodotto finale che non solo sia tecnicamente valido, ma che comunichi emozioni e storie in modo diretto e coinvolgente, fondendo l'innovazione tecnologica con la creatività personale. La documentazione delle varie iterazioni, attraverso registrazioni e note tecniche, costituisce un prezioso archivio di esperienze che l'utente può consultare per migliorare ulteriormente il proprio metodo di lavoro. Questo processo di personalizzazione diventa un laboratorio creativo in cui ogni scelta contribuisce a definire un linguaggio musicale personale e riconoscibile, capace di distinguersi nel panorama della musica digitale.

5.6 Tecniche per variare tonalità e dinamiche

La variazione di tonalità e dinamiche rappresenta uno degli aspetti più importanti per arricchire e dare profondità a un brano musicale creato con SunoAI. Queste tecniche consentono di modulare l'emozione trasmessa dal brano, creando transizioni fluide tra momenti di intensità e calma, e contribuendo a mantenere l'attenzione dell'ascoltatore lungo tutto il percorso musicale. La variazione di tonalità, ovvero il cambio di chiave o l'introduzione di modulazioni all'interno di una composizione, permette di esplorare differenti sfumature emotive e di evitare la monotonia. Un esempio pratico prevede l'impostazione di un prompt che richiede una melodia inizialmente in tonalità minore per evocare un'atmosfera malinconica, per poi passare gradualmente a una tonalità maggiore che trasmetta un senso di speranza e rinascita. Questo tipo di modulazione crea un contrasto efficace e rende il brano più dinamico e coinvolgente. Le tecniche per variare le dinamiche, intese come il controllo dell'intensità sonora in determinate sezioni, sono altrettanto cruciali: l'uso di crescendi, decrescendo e variazioni di volume tra le diverse parti del brano permette di enfatizzare momenti chiave e di mantenere un flusso narrativo coerente. Ad esempio, in una sezione di ritornello particolarmente energica, si può optare per un aumento progressivo del volume e della complessità degli arrangiamenti, per poi ridurre gradualmente l'intensità in una strofa successiva, creando un effetto di "onda" che guida l'ascoltatore attraverso un percorso emotivo. SunoAI offre controlli specifici per regolare questi parametri, consentendo all'utente di sperimentare con variazioni sottili o marcate, a seconda dell'effetto desiderato. La pratica consiste nell'utilizzare il sistema per generare versioni differenti dello stesso brano, modificando in modo controllato i parametri di tonalità e dinamica, e ascoltare come questi cambiamenti influenzino l'esperienza sonora complessiva. Un approccio iterativo, che prevede l'ascolto critico e la documentazione dei risultati, aiuta a identificare le combinazioni più efficaci e a sviluppare un metodo personale per gestire le transizioni all'interno di una composizione. Un ulteriore aspetto riguarda l'uso di strumenti virtuali che consentono di intervenire manualmente sul mixaggio, regolando l'equilibrio tra le varie componenti sonore e aggiungendo effetti come compressione, equalizzazione e riverbero, che possono accentuare ulteriormente le variazioni dinamiche. Gli esercizi pratici in questo ambito includono la generazione di più versioni di una sezione melodica, ciascuna con diverse modulazioni di tonalità, e il confronto degli effetti emotivi prodotti; l'uso di software di editing audio per applicare filtri e effetti dinamici e l'analisi dei risultati ottenuti, annotando come ogni modifica contribuisca a migliorare la resa emotiva e tecnica del brano. La capacità di variare tonalità e dinamiche diventa così una competenza essenziale per il compositore moderno, che utilizza la tecnologia non solo per creare musica, ma per raccontare storie e trasmettere emozioni in modo innovativo e personale. Questo processo, in cui l'AI si integra con il tocco umano, permette di ottenere composizioni che siano al tempo stesso tecnicamente perfette e cariche di significato emotivo, aprendo nuove prospettive sulla creazione musicale nell'era digitale.

5.7 Integrazione di strumenti virtuali e sonorità

L'integrazione di strumenti virtuali e sonorità rappresenta un elemento chiave per la creazione di brani musicali unici con SunoAI, poiché consente di ampliare il ventaglio di possibilità espressive e di ottenere arrangiamenti ricchi e stratificati. Gli strumenti virtuali, che riproducono suoni di strumenti tradizionali o creano timbri completamente nuovi, permettono al compositore di sperimentare combinazioni sonore che sarebbero difficili da ottenere con strumenti fisici, sia per limitazioni tecniche che per costi elevati. Con SunoAI, l'utente può selezionare e integrare vari strumenti virtuali all'interno della traccia, scegliendo tra sintetizzatori, pianoforti, archi, percussioni e molti altri, ciascuno con le proprie caratteristiche timbriche e dinamiche. Un esempio pratico consiste nell'utilizzo di un prompt che richiede la creazione di una traccia che unisca suoni elettronici a elementi acustici, come la combinazione di un arpeggio di sintetizzatore con un accompagnamento di pianoforte e una sezione di archi. Il sistema, interpretando il prompt, genera una composizione che integra questi diversi elementi in modo armonico, consentendo all'utente di intervenire successivamente per regolare l'equilibrio tra le diverse fonti sonore. La possibilità di personalizzare i suoni attraverso strumenti virtuali offre inoltre la flessibilità di modificare il timbro, la texture e l'ampiezza del suono in base alle proprie preferenze. Ad esempio, un compositore può decidere di modificare il preset di un sintetizzatore per ottenere un suono più caldo o più aggressivo, o di applicare effetti digitali come chorus, delay o riverbero per arricchire la profondità della traccia. Questa integrazione diventa un laboratorio creativo in cui ogni strumento virtuale si combina con gli altri per creare un'armonia complessa e innovativa. L'uso di SunoAI facilita anche l'interoperabilità con altri software di produzione musicale, permettendo di importare e sincronizzare file audio, campioni e loop, e di combinarli con le tracce generate automaticamente, creando così composizioni ibride che sfruttano il meglio del lavoro umano e delle capacità algoritmiche. Un ulteriore aspetto riguarda l'analisi della palette sonora: il compositore può sperimentare con diverse combinazioni di sonorità e documentare le variazioni ottenute, identificando quelle che producono l'effetto emotivo desiderato. Esercizi pratici possono prevedere la creazione di versioni multiple dello stesso brano, ciascuna caratterizzata da un diverso mix di strumenti virtuali, e il confronto degli output per determinare quale configurazione offra la migliore sinergia. Inoltre, l'utente può utilizzare software di editing per modificare ulteriormente le tracce, applicando equalizzazioni e effetti che enfatizzano determinate frequenze o che creano transizioni fluide tra le varie sezioni del brano. Questa fase di integrazione è fondamentale per trasformare una semplice idea in una composizione musicale completa, dove ogni elemento sonoro contribuisce a creare un'esperienza di ascolto ricca e coinvolgente. La possibilità di utilizzare strumenti virtuali consente di superare le limitazioni fisiche e di sperimentare liberamente, offrendo un'ampia gamma di opzioni creative che permettono di dare vita a brani originali e personalizzati. Questo approccio modulare, che integra la potenza degli algoritmi di SunoAI con la versatilità degli strumenti digitali, rappresenta una nuova frontiera nella produzione musicale, in cui la tecnologia diventa un'estensione della creatività umana, capace di esplorare territori sonori inesplorati e di definire nuovi standard di espressione artistica.

5.8 Metodi per ottenere brani coerenti e originali

Ottenere brani musicali che siano al contempo coerenti e originali richiede un approccio metodico che unisca la potenza di SunoAI con l'intervento critico del compositore. La coerenza si riferisce alla capacità del brano di mantenere una struttura armonica e ritmica uniforme, mentre l'originalità deriva dall'innovazione e dalla personalizzazione degli elementi musicali. Un metodo efficace per raggiungere questi obiettivi prevede l'utilizzo di prompt dettagliati e strutturati, che guidino il sistema nella generazione di composizioni che rispettino determinate regole stilistiche e narrative. Per esempio, si può iniziare definendo un outline che suddivide il brano in sezioni chiare, come introduzione, sviluppo, climax e coda, e specificare per ciascuna sezione il mood e gli elementi sonori desiderati. In questo modo, il sistema saprà come integrare le diverse parti in modo armonioso, evitando discontinuità e incoerenze. La personalizzazione gioca un ruolo chiave: l'utente può intervenire sul risultato generato per modificare la sequenza degli accordi, il ritmo o l'uso degli strumenti, garantendo che il prodotto finale rispecchi un'identità sonora unica. Esempi pratici includono l'utilizzo di sessioni di feedback iterativo, in cui l'output iniziale viene analizzato, commentato e successivamente modificato attraverso l'inserimento di nuovi prompt o l'alterazione dei parametri esistenti.

Questo ciclo di generazione, revisione e personalizzazione permette di affinare il brano, trasformando ogni iterazione in un'opportunità per aumentare la coerenza e l'originalità del lavoro. Un altro metodo consiste nell'integrare elementi esterni, come campioni audio, loop e registrazioni live, che possono essere combinati con la traccia generata da SunoAI per creare arrangiamenti che si distinguono per originalità. L'uso di software di editing e di mixaggio consente di bilanciare le varie componenti, garantendo che il risultato finale mantenga un flusso continuo e una struttura narrativa ben definita. La capacità di sperimentare con diverse configurazioni, salvando e confrontando le versioni ottenute, aiuta il compositore a sviluppare un proprio metodo di lavoro che unisce l'efficienza della generazione automatica con l'intervento creativo umano. L'obiettivo è ottenere un brano che, pur essendo il prodotto di algoritmi avanzati, porti un'impronta personale, un "firma" che lo renda riconoscibile e distintivo. La documentazione di ogni fase del processo, con annotazioni su quali modifiche abbiano prodotto gli effetti desiderati, rappresenta uno strumento prezioso per perfezionare il proprio approccio e per imparare dai successi e dai fallimenti. La coerenza, in questo contesto, è strettamente legata alla capacità di mantenere una visione artistica chiara e di applicare le regole musicali in modo rigoroso, mentre l'originalità si ottiene grazie alla sperimentazione e all'integrazione di elementi innovativi che spingono il brano oltre i confini convenzionali. Attraverso esercizi pratici, come la generazione di brani in cui si variano solo uno o due parametri alla volta, il compositore può sviluppare una sensibilità che gli permetta di riconoscere quali scelte producano i risultati più coerenti e originali. Questo processo di affinamento continuo è essenziale per trasformare l'AI in un vero strumento creativo, capace di coniugare tecnologia e arte in un prodotto musicale di alta qualità.

5.9 Esempi di tracce innovative generate

I numerosi esempi di tracce innovative generate con SunoAI dimostrano come l'uso dell'intelligenza artificiale possa portare alla creazione di composizioni che sfidano i limiti della tradizione musicale e aprono nuove prospettive espressive. Questi esempi pratici rappresentano casi di studio che illustrano il potenziale trasformativo della tecnologia nel campo della produzione musicale. Un caso emblematico riguarda la generazione di una traccia ambient che, partendo da un semplice prompt testuale descrivente "un viaggio onirico attraverso paesaggi ultraterreni", ha prodotto una composizione caratterizzata da morbidi pad sintetici, un ritmo lento e un uso delicato di effetti di riverbero. Il risultato è una traccia che evoca un senso di profondità e di mistero, trasportando l'ascoltatore in un universo sonoro quasi surreale. Un altro esempio riguarda una traccia energica in stile synth-pop, in cui il prompt richiedeva l'uso di ritmi incalzanti e di melodie orecchiabili. Il sistema ha generato una composizione con un ritmo sincopato, linee di basso pulsanti e synth brillanti, creando un output che risulta adatto a performance live e a contesti di intrattenimento.

Questi esempi evidenziano come la capacità di SunoAI di adattarsi a diversi stili e generi consenta di sperimentare in maniera libera e creativa, senza i limiti imposti da metodi tradizionali. Inoltre, alcuni artisti hanno utilizzato la piattaforma per creare tracce ibride che combinano elementi di musica acustica e elettronica, integrando registrazioni live con output generati automaticamente per ottenere un mix originale e inaspettato. Ad esempio, un compositore ha generato una base elettronica che poi ha arricchito con campionamenti di strumenti tradizionali, ottenendo una fusione che unisce il calore degli strumenti acustici con l'energia dei suoni digitali. La documentazione degli esempi di tracce innovative, attraverso video, interviste e demo, fornisce una fonte di ispirazione preziosa per chi desidera sperimentare con SunoAI. Questi casi studio illustrano non solo le capacità tecniche del sistema, ma anche il processo creativo che porta alla nascita di opere musicali uniche: dall'impostazione del prompt alla fase di personalizzazione e di revisione, ogni passo contribuisce a definire un output che riflette la visione artistica del compositore. Gli esempi pratici evidenziano anche l'importanza del feedback e della sperimentazione iterativa, elementi fondamentali per ottenere tracce innovative che si distinguono nel panorama musicale contemporaneo. La condivisione di questi progetti, attraverso piattaforme di streaming e community online, stimola ulteriormente il dibattito e l'evoluzione del settore, incoraggiando altri artisti a esplorare nuove possibilità espressive e a sfruttare al massimo il potenziale dell'intelligenza artificiale. La capacità di SunoAI di generare output che siano al tempo stesso coerenti e originali rappresenta un punto di svolta nel modo in cui si concepisce la produzione musicale, offrendo strumenti potenti per trasformare idee in opere d'arte sonore di grande impatto emotivo e tecnico.

5.10 Consigli per affinare il proprio stile musicale

Affinare il proprio stile musicale utilizzando SunoAI richiede un approccio che combini sperimentazione, analisi critica e un costante processo di revisione e personalizzazione. Ogni compositore deve sviluppare una sensibilità che gli permetta di riconoscere quali elementi della composizione rispecchino la propria identità artistica e come intervenire per esaltarli. Un primo consiglio è quello di documentare ogni sessione creativa, registrando i prompt utilizzati, le variazioni ottenute e le modifiche apportate durante il processo di editing. Questa pratica permette di creare un archivio personale che funge da guida per futuri progetti e da riferimento per comprendere quali tecniche abbiano prodotto i risultati più efficaci. L'utilizzo costante di feedback, sia in forma automatica che proveniente da ascoltatori o collaboratori, è un altro strumento fondamentale per migliorare: analizzare i commenti e confrontare diverse versioni di un brano aiuta a identificare le aree di miglioramento e a perfezionare la propria espressione musicale. Inoltre, sperimentare con diversi generi e stili può arricchire il proprio bagaglio espressivo e fornire nuove ispirazioni per sviluppare un suono distintivo. Per esempio, combinare elementi di musica elettronica con influenze acustiche o sperimentare con fusioni inedite può portare a scoperte sorprendenti e a un'evoluzione del proprio stile. Un ulteriore consiglio è quello di mantenere un approccio aperto e curioso, accogliendo le innovazioni tecnologiche senza timore di cambiare e adattarsi. La capacità di integrare strumenti digitali, effetti sonori e tecniche di personalizzazione avanzata consente di creare composizioni che siano uniche e riconoscibili. L'analisi dei trend musicali e la partecipazione a community online di artisti e produttori possono offrire spunti preziosi e stimolare nuove idee, permettendo di confrontarsi e di apprendere dai successi e dagli errori altrui. È importante inoltre dedicare tempo all'ascolto critico dei propri lavori, valutando non solo l'aspetto tecnico, ma anche l'impatto emotivo e narrativo del brano. Questo processo di auto-valutazione, unito a sessioni di revisione iterativa con SunoAI, aiuta a sviluppare un orecchio critico che si traduce in una maggiore capacità di affinare il proprio stile. La pratica costante e l'uso sistematico degli strumenti di personalizzazione offerti dalla piattaforma permettono di perfezionare la tecnica compositiva e di dare vita a produzioni che riflettano in modo autentico l'identità creativa dell'autore. In questo percorso, il dialogo continuo con l'AI diventa un alleato prezioso per superare limiti e per esplorare nuove direzioni artistiche, trasformando ogni traccia in un'opera unica e personale. La sperimentazione, la revisione e l'analisi critica si integrano così in un metodo di lavoro che non solo migliora la qualità dei brani, ma aiuta anche a definire un'identità musicale forte e riconoscibile, capace di distinguersi in un panorama artistico sempre più competitivo.

Esercizi di fine capitolo

1. Sperimenta con SunoAI per creare almeno tre brani musicali partendo da prompt differenti. Documenta il processo per ogni brano, annotando come le variazioni di prompt e personalizzazione abbiano influenzato il risultato finale.

2. Seleziona una traccia generata e applica modifiche agli arrangiamenti, ritmi, tonalità e dinamiche. Utilizza software di editing per analizzare le differenze tra le versioni e scrivi un report che descriva il processo e i risultati ottenuti.

3. Crea una presentazione o un portfolio che raccolga gli esempi di tracce innovative generate. Spiega quali tecniche e personalizzazioni hai utilizzato per ottenere brani coerenti e originali e discuti come questi output abbiano contribuito a definire il tuo stile musicale personale.

Capitolo 6: Strategie per Combinare Testi e Musica Generati dall'AI

6.1 L'arte di fondere parole e suoni

La capacità di fondere parole e suoni rappresenta una delle sfide creative più affascinanti e complesse nell'ambito della musica generata dall'AI, e si configura come un'arte che richiede un attento equilibrio tra le componenti testuali e quelle sonore. In questo contesto, la collaborazione tra strumenti come ChatGPT e SunoAI permette di integrare testi elaborati con cura e composizioni musicali generate automaticamente, creando un dialogo continuo tra linguaggio e melodia. Il primo passo consiste nel concepire un'idea che abbia un forte impatto emotivo, una visione che possa essere trasmessa sia attraverso le parole che attraverso la musica; ad esempio, un autore potrebbe voler raccontare una storia d'amore struggente che si sviluppa attraverso immagini poetiche e melodie delicate. In questo scenario, il testo generato da ChatGPT offre una base narrativa ricca di metafore, simboli e immagini evocative, mentre SunoAI traduce tali concetti in sequenze sonore che rispecchiano il tono emotivo del messaggio. L'arte di fondere parole e suoni implica anche l'attenzione alla sinergia tra ritmo, intonazione e struttura testuale: le parole devono scorrere in modo naturale, quasi come se fossero parte integrante della melodia, e ogni frase deve trovare il proprio spazio all'interno della composizione musicale. Un esempio pratico potrebbe essere la creazione di una canzone in cui la parte vocale, generata da un testo poetico, si integra perfettamente con un arrangiamento di sintetizzatori e archi che enfatizzano le emozioni espresse. L'uso di strumenti digitali permette di sperimentare con diverse combinazioni di suoni e testi, offrendo la possibilità di creare arrangiamenti che siano tanto sofisticati quanto intuitivi. La fusione di parole e suoni non si limita a una semplice sovrapposizione, ma richiede una messa a punto attenta in cui ogni elemento dialoga con l'altro: la scelta del timbro, l'intonazione dei versi, la cadenza e persino il ritmo della parlata devono essere sincronizzati con la progressione musicale. Gli artisti possono sperimentare con differenti modalità espressive, ad esempio utilizzando un linguaggio più lirico in alcuni passaggi e un tono più diretto in altri, creando così una narrazione dinamica che evolve insieme alla melodia. In questo processo, il feedback iterativo gioca un ruolo cruciale, poiché consente di modificare e affinare sia il testo che la parte musicale per ottenere una sinergia ottimale. La documentazione delle iterazioni e l'analisi dei risultati sono strumenti indispensabili per migliorare continuamente la fusione tra parole e suoni, permettendo al compositore di scoprire nuove combinazioni e di affinare il proprio stile.

Attraverso l'uso di esempi pratici e sessioni di sperimentazione guidata, è possibile apprendere come piccoli aggiustamenti nel ritmo del testo o nella disposizione degli accordi possano trasformare una semplice composizione in un'esperienza emotiva intensa e coinvolgente, dove la parola si fonde con il suono in un'armonia perfetta.

6.2 Scelta del giusto equilibrio tra testo e musica

Trovare il giusto equilibrio tra testo e musica è fondamentale per creare canzoni che risultino armoniose e coinvolgenti, poiché entrambi gli elementi devono coesistere in modo tale da rafforzarsi reciprocamente senza che uno sovrasti l'altro. Questo equilibrio si ottiene attraverso una serie di strategie che coinvolgono l'analisi dei contenuti testuali, la comprensione della struttura musicale e l'uso di strumenti di sincronizzazione che permettono di coordinare le due componenti. Ad esempio, un compositore che desidera realizzare una ballata romantica deve assicurarsi che il testo, ricco di immagini poetiche e di emozioni, sia accompagnato da una melodia che enfatizzi la delicatezza e la profondità dei sentimenti espressi. Per fare questo, è necessario definire preventivamente il ruolo che ciascun elemento avrà nella composizione: in alcune parti, il testo può essere il protagonista, mentre in altre la musica deve emergere per creare momenti di intensità e di pausa. Un approccio pratico consiste nel creare un diagramma che suddivide la canzone in sezioni, in cui si evidenzia quale parte deve essere più "testuale" e quale più "musicale". Durante la fase di generazione, SunoAI può produrre una base musicale che viene poi integrata con il testo generato da ChatGPT, e il compositore interviene per bilanciare il volume, la cadenza e la presenza degli elementi vocali in relazione alla traccia strumentale. Ad esempio, nelle strofe potrebbe essere preferibile mantenere una parte vocale più sottile e quasi sussurrata, mentre nel ritornello si può optare per una presenza più marcata e potente, creando un contrasto dinamico che cattura l'attenzione dell'ascoltatore. L'equilibrio viene ulteriormente affinato attraverso sessioni di editing e post-produzione, in cui si applicano tecniche di compressione e equalizzazione per armonizzare le frequenze del testo e della musica. È utile sperimentare con diverse disposizioni e ascoltare criticamente il risultato, confrontando versioni multiple e raccogliendo feedback da ascoltatori o colleghi, in modo da individuare la giusta fusione. La scelta del giusto equilibrio tra testo e musica non si esaurisce soltanto nel bilanciamento sonoro, ma riguarda anche la coerenza narrativa: il testo deve fluire in sincronia con la progressione degli accordi e con il ritmo, creando una struttura che sembri naturale e spontanea. L'uso di tecniche come la sovrapposizione parziale, in cui il testo si fonde gradualmente con la musica, può essere particolarmente efficace per evitare transizioni brusche e garantire una continuità emotiva. Attraverso esempi pratici e sessioni di sperimentazione, il compositore può apprendere a regolare l'intensità e la presenza dei due elementi, ottenendo un prodotto finale che unisca la profondità narrativa del testo alla potenza espressiva della musica, creando un'esperienza d'ascolto completa e armoniosa.

6.3 Tecniche di sincronizzazione dei ritmi vocali

La sincronizzazione dei ritmi vocali con la musica è un aspetto essenziale per garantire una performance coerente e coinvolgente, e rappresenta una delle tecniche chiave per fondere testi e tracce musicali generate dall'AI. Questa fase richiede una cura particolare nel coordinare la cadenza delle parole con il battito e il tempo della composizione, in modo che ogni sillaba si inserisca perfettamente nella struttura ritmica della canzone. Un approccio pratico prevede l'utilizzo di software di editing audio che permettono di visualizzare la forma d'onda sia del testo registrato che della base musicale, facilitando così l'allineamento preciso dei vari elementi. Ad esempio, quando si utilizza SunoAI per generare una traccia, il compositore può inserire il testo generato da ChatGPT in un editor, e poi regolare manualmente il timing delle parole affinché coincidano con i cambiamenti di ritmo o con le transizioni di sezione. Questa tecnica di sincronizzazione può essere ulteriormente migliorata attraverso l'uso di marcatori temporali e di cue points, che indicano i momenti chiave della canzone, come l'inizio di una strofa o il picco emotivo di un ritornello. Un altro metodo efficace consiste nell'utilizzare un metronomo virtuale durante la registrazione o l'editing, che fornisce un riferimento costante per mantenere il ritmo corretto e per sincronizzare perfettamente il flusso vocale con la traccia musicale. Le tecniche di sincronizzazione non si limitano alla semplice allineazione temporale; esse includono anche la modulazione dell'intonazione e del dinamismo vocale per adattarsi alla struttura della canzone. Ad esempio, in una sezione che prevede un crescendo musicale, il volume e l'energia della voce possono essere aumentati gradualmente, mentre in una parte più soft si può optare per una modulazione più contenuta. L'utilizzo di effetti digitali come il pitch shifting e il time stretching può aiutare a correggere eventuali discrepanze, garantendo che il ritmo vocale sia perfettamente in armonia con il battito della musica. Gli esercizi pratici in questo ambito includono sessioni di registrazione in cui il compositore prova diverse tecniche di sincronizzazione, variando la velocità e l'intonazione delle parole, e confrontando i risultati per individuare le soluzioni più efficaci. L'uso di loop vocali e di tracce campionate da performance precedenti può fornire ulteriori spunti per affinare il timing e per creare un effetto di eco o di riverbero che esalti l'armonia complessiva del brano. La sincronizzazione dei ritmi vocali diventa così una disciplina che unisce tecnologia e interpretazione artistica, richiedendo un costante dialogo tra il compositore e gli strumenti digitali, in un processo iterativo che porta a perfezionare ogni dettaglio della performance. Questo approccio meticoloso garantisce che la voce diventi un'estensione naturale della melodia, contribuendo a creare un'esperienza musicale integrata e altamente coinvolgente per l'ascoltatore.

6.4 Adattare i testi ai vari generi musicali

Adattare i testi ai vari generi musicali è un'abilità fondamentale per chi desidera creare canzoni che siano coerenti e che rispecchino appieno l'identità stilistica del brano. Ogni genere musicale ha proprie caratteristiche, convenzioni e aspettative, e il testo deve essere modellato in modo da armonizzarsi con questi elementi. Per esempio, un testo destinato a un brano pop deve essere generalmente semplice, diretto e ricco di ripetizioni o ritornelli orecchiabili, mentre un testo per una ballata rock può permettersi una maggiore complessità narrativa e un linguaggio più evocativo. L'uso di ChatGPT offre la possibilità di generare testi che possono essere facilmente adattati a diversi generi attraverso la modifica del prompt. Ad esempio, se si desidera ottenere un testo in stile indie, si può includere nel prompt richieste specifiche come "utilizza un linguaggio poetico, con metafore e immagini evocative, adatto a una canzone indie che trasmetta un senso di malinconia e speranza". Questo permette al sistema di produrre un output che rispecchi tali caratteristiche, facilitando l'integrazione con una traccia musicale creata in stile simile. La personalizzazione del testo diventa poi un'operazione iterativa, in cui il compositore rivede l'output generato e apporta modifiche per affinare la coerenza stilistica. Un altro esempio pratico consiste nell'adattare un testo generato in maniera generica per trasformarlo in un testo adatto a un brano elettronico: il compositore potrebbe intervenire per rendere il linguaggio più moderno, inserendo riferimenti a tecnologie, ritmo pulsante e immagini che richiamano il mondo digitale. L'adattamento dei testi si basa anche sull'analisi del contesto musicale: la struttura del brano, l'arrangiamento e la scelta degli strumenti influenzano il tipo di linguaggio che risulta più efficace. Ad esempio, un brano con una base strumentale ricca e stratificata potrebbe beneficiare di un testo più articolato e descrittivo, mentre un brano minimalista richiede parole che abbiano un impatto emotivo immediato senza sovraccaricare la composizione. L'uso di feedback e revisioni iterative, dove il testo viene modificato in base alla reazione dell'ascoltatore o a quella del compositore stesso, è essenziale per garantire che il prodotto finale sia perfettamente in sintonia con il genere musicale scelto. La flessibilità di ChatGPT permette di sperimentare con diverse versioni del testo, testando come variazioni nella struttura, nel ritmo e nel lessico possano trasformare il messaggio e adattarlo al contesto musicale desiderato. Questo processo di adattamento richiede un occhio critico e una conoscenza approfondita delle convenzioni di ciascun genere, che si acquisisce attraverso lo studio e l'ascolto di numerosi esempi. Attraverso esercizi pratici, il compositore può imparare a modificare e personalizzare i testi, analizzando quali scelte lessicali e strutturali producano un effetto armonico con la base musicale, trasformando il testo in un elemento integrato e fondamentale della composizione. La capacità di adattare i testi ai vari generi musicali non solo arricchisce la qualità delle canzoni, ma permette anche di esplorare nuovi orizzonti espressivi, creando opere che siano al tempo stesso originali e rispettose delle tradizioni musicali.

6.5 Workflow collaborativo tra ChatGPT e SunoAI
L'integrazione sinergica tra ChatGPT e SunoAI costituisce un workflow collaborativo che sfrutta le potenzialità dell'intelligenza artificiale per creare canzoni complete, dove testi e musica si sviluppano in parallelo e si influenzano reciprocamente. Questo flusso di lavoro collaborativo inizia con la definizione di un'idea di base, che viene tradotta in un prompt dettagliato per ChatGPT, il quale genera un testo ricco di immagini, emozioni e narrazioni. Successivamente, il testo funge da guida per la generazione musicale con SunoAI, che produce una traccia che rispecchia il mood e il ritmo indicati. Durante il processo, il compositore può intervenire per armonizzare e sincronizzare i due elementi, utilizzando strumenti di editing che consentono di modificare sia il testo che la base musicale. Un esempio pratico di workflow collaborativo prevede la creazione di un

progetto condiviso in cui il team creativo definisce prima una scaletta narrativa, suddividendo la canzone in sezioni come strofe, ritornello e ponte. ChatGPT viene quindi utilizzato per generare il testo di ciascuna sezione, mentre SunoAI lavora in parallelo per produrre una base musicale che si adatti alla struttura narrativa. In seguito, il compositore esamina i risultati, apporta modifiche e regola i parametri, garantendo che la melodia e il testo dialoghino in maniera coerente. Questo approccio collaborativo è ulteriormente arricchito dall'utilizzo di software di gestione di progetto che consentono di salvare versioni, annotare feedback e condividere aggiornamenti in tempo reale con altri membri del team. La revisione iterativa diventa quindi un elemento centrale del workflow, in cui ogni ciclo di generazione, modifica e sincronizzazione porta a una composizione sempre più raffinata. Gli strumenti di collaborazione online, come piattaforme cloud e forum dedicati, permettono di confrontare i risultati e di ottenere suggerimenti da altri artisti, favorendo un ambiente creativo dinamico e interattivo. Un ulteriore vantaggio di questo workflow è la possibilità di sperimentare con diverse combinazioni e di creare un archivio di versioni multiple, che l'utente potrà consultare per comprendere quali iterazioni abbiano funzionato meglio e perché. La documentazione dettagliata di ogni fase, dall'ideazione iniziale alla post-produzione, fornisce una roadmap che diventa un riferimento prezioso per progetti futuri, facilitando l'apprendimento e l'ottimizzazione del processo creativo. L'approccio collaborativo tra ChatGPT e SunoAI si rivela particolarmente utile per progetti complessi, come la creazione di album o colonne sonore, dove la coerenza e la varietà devono essere bilanciate in modo accurato.

Attraverso esempi pratici, il compositore può sperimentare la generazione di testi e musica in simultanea, analizzando come le modifiche in una componente influenzino l'altra, e sviluppando così un metodo personalizzato che sfrutti il meglio di entrambi gli strumenti. Questo workflow collaborativo rappresenta una nuova frontiera nella produzione musicale, in cui l'AI diventa un partner attivo nella creazione artistica, capace di stimolare la creatività e di semplificare il processo produttivo, permettendo di ottenere risultati di alta qualità in tempi ridotti.

6.6 Analisi dei casi di successo

L'analisi dei casi di successo nel campo della combinazione di testi e musica generati dall'AI offre preziosi spunti e modelli da cui trarre ispirazione per migliorare il proprio workflow creativo. Studiando progetti reali, si possono identificare le strategie che hanno portato a composizioni efficaci, riconoscibili per la loro originalità e coerenza artistica. Un caso significativo riguarda un artista indipendente che ha utilizzato ChatGPT per creare il testo di una canzone che racconta una storia personale di rinascita e trasformazione, e SunoAI per generare una base musicale che si sviluppa in maniera dinamica e progressiva. In questo progetto, il testo è stato accuratamente strutturato in strofe e ritornelli, con particolare attenzione all'uso di metafore e simboli, mentre la traccia musicale ha saputo enfatizzare le diverse fasi emotive attraverso variazioni ritmiche e armoniche. Un altro esempio di successo si osserva in un progetto collaborativo in cui un gruppo di artisti ha integrato contributi testuali e musicali provenienti da diverse fonti, creando una canzone che unisce stili e generi diversi in un'armonia sorprendente. L'analisi di questi casi mette in luce l'importanza di un approccio iterativo e collaborativo, in cui il feedback costante e la sperimentazione sono elementi chiave per affinare il prodotto finale. Le testimonianze raccolte da artisti che hanno adottato questo metodo evidenziano come la combinazione di strumenti AI consenta di risparmiare tempo e risorse, permettendo al contempo di raggiungere livelli di creatività che difficilmente sarebbero stati ottenuti con metodi tradizionali. Inoltre, l'analisi dei casi di successo evidenzia l'importanza della personalizzazione, dove ogni progetto viene modellato in base alle esigenze specifiche dell'artista, utilizzando prompt e parametri che rispecchiano la propria visione creativa. La documentazione di questi progetti, con la raccolta di dati, feedback e revisioni, offre un modello replicabile per chiunque desideri intraprendere un percorso simile, fornendo linee guida su come strutturare il processo creativo e su quali tecniche adottare per integrare in modo efficace testo e musica. L'analisi approfondita di questi casi permette di identificare le best practice e di apprendere dagli errori e dai successi degli altri, creando un archivio di conoscenze che diventa un punto di riferimento prezioso per futuri progetti. Attraverso esercizi pratici, il compositore può confrontare le proprie composizioni con quelle di artisti affermati, individuando le caratteristiche che rendono un brano innovativo e coinvolgente, e adattando queste strategie al proprio stile personale. Questo processo di apprendimento continuo rappresenta un elemento fondamentale per la crescita artistica e per l'ottimizzazione del workflow creativo, che si basa sull'equilibrio tra innovazione, personalizzazione e collaborazione.

6.7 Strumenti per l'editing e la post-produzione

L'editing e la post-produzione sono fasi cruciali nel processo di combinazione di testi e musica, dove ogni dettaglio viene affinato per ottenere una composizione finale di alta qualità. Gli strumenti dedicati a queste operazioni permettono di intervenire sia sul lato testuale che su quello musicale, migliorando la coerenza, la fluidità e l'impatto emotivo del brano. Software di editing audio come Ableton Live, Logic Pro o FL Studio possono essere utilizzati in combinazione con piattaforme come SunoAI per apportare modifiche precise, correggere discrepanze e aggiungere effetti che arricchiscono la traccia. Ad esempio, dopo aver generato una base musicale e un testo con ChatGPT, il compositore può importare i file in un software di editing, dove può sincronizzare la voce con la melodia, regolare il timing e applicare filtri per uniformare il suono. L'editing del testo può prevedere l'inserimento di pause, la modifica dell'intonazione e la ripetizione di frasi chiave per enfatizzare determinati passaggi emotivi. Le tecniche di post-produzione includono anche il mixaggio, dove si bilanciano i vari elementi sonori per ottenere una resa armonica e coinvolgente. Strumenti come equalizzatori, compressori e riverberi sono utilizzati per enfatizzare o attenuare specifiche frequenze, contribuendo a creare un'esperienza d'ascolto che sia sia tecnicamente impeccabile che emotivamente intensa. Un approccio efficace consiste nel lavorare in modalità iterativa: il compositore applica una serie di modifiche, ascolta il risultato, e poi apporta ulteriori aggiustamenti fino a raggiungere il livello desiderato di perfezione. Durante questa fase, è fondamentale documentare ogni cambiamento e confrontare le versioni, in modo da comprendere quali interventi abbiano contribuito maggiormente a migliorare la qualità del brano. L'uso di plugin specifici per la correzione vocale e per la gestione del timing, ad esempio, permette di ottenere una sincronizzazione perfetta tra la voce e la base musicale, eliminando eventuali imperfezioni che potrebbero compromettere l'armonia complessiva. La post-produzione diventa così un'arte a sé stante, dove il compositore, sfruttando le potenzialità degli strumenti digitali, riesce a trasformare una traccia grezza in un prodotto finito che risponde ai più alti standard di qualità. L'integrazione di strumenti di editing avanzati non solo consente di migliorare l'aspetto tecnico della composizione, ma anche di accentuare gli aspetti emotivi e narrativi, creando transizioni fluide, aumentando l'impatto dei momenti clou e garantendo che il testo e la musica siano perfettamente in sincronia. Gli esercizi pratici in questo ambito possono includere sessioni di editing dove il compositore lavora su tracce multiple, confrontando le diverse versioni e annotando i cambiamenti che hanno portato a un miglioramento evidente della qualità sonora e testuale. Questi strumenti di editing e post-produzione rappresentano quindi il passaggio fondamentale tra la generazione automatica e il prodotto finale, permettendo di sfruttare appieno le potenzialità creative e tecniche offerte dalle piattaforme AI.

6.8 Tecniche per il mixaggio e il mastering

Le tecniche per il mixaggio e il mastering costituiscono l'ultimo stadio del processo di produzione musicale, in cui si lavora per ottenere un output finale che sia tecnicamente perfetto e che mantenga un forte impatto emotivo. Il mixaggio si concentra sull'equilibrio tra i vari elementi della traccia, mentre il mastering riguarda la finalizzazione del suono per renderlo adatto alla distribuzione su diversi media. Utilizzando software di mixaggio, il compositore può regolare i livelli di volume, il panning, l'equalizzazione e l'applicazione di effetti come riverbero e delay per creare una miscela armoniosa in cui il testo e la musica si fondono in un'unica entità sonora. Un esempio pratico consiste nel lavorare su una traccia generata da SunoAI, dove il compositore applica una serie di tecniche di compressione per uniformare le dinamiche e garantire che ogni strumento e la voce siano chiaramente percepibili. Durante il processo di mixaggio, è possibile utilizzare automazioni per variare il volume e gli effetti in determinati passaggi, ad esempio aumentando l'intensità del ritornello o attenuando il suono durante le strofe, creando così un'esperienza d'ascolto dinamica e coinvolgente. Il mastering, d'altra parte, è il passaggio in cui si effettua una finalizzazione del suono, ottimizzando il brano per diverse piattaforme di distribuzione come streaming, CD o vinile. Questo processo include la correzione di eventuali anomalie, l'applicazione di compressione multibanda e l'ottimizzazione delle frequenze per ottenere un suono bilanciato e coerente.

Tecniche avanzate come il dithering e il limiting vengono applicate per garantire che il brano mantenga la sua qualità anche a volumi elevati. L'uso di strumenti di analisi spettrale può aiutare a individuare eventuali picchi o squilibri, consentendo al compositore di intervenire in maniera mirata e di ottenere un prodotto finale che soddisfi gli standard professionali. Un approccio iterativo al mixaggio e mastering prevede anche il confronto tra diverse versioni del brano, in modo da verificare quale configurazione offra il miglior compromesso tra dinamica e chiarezza. L'esperienza pratica, attraverso esercitazioni e feedback, permette di sviluppare un orecchio critico e di affinare le tecniche utilizzate, trasformando il mixaggio e il mastering in una fase creativa a sé stante, dove ogni dettaglio viene curato per esaltare l'impatto emotivo della composizione. Questo passaggio finale è essenziale per garantire che la fusione tra testo e musica non si limiti a una combinazione superficiale, ma che risulti in un prodotto finito che sia in grado di comunicare efficacemente con il pubblico, rendendo ogni elemento sonoro parte integrante di un'esperienza d'ascolto armoniosa e potente.

6.9 Gestire revisioni e modifiche creative
Gestire revisioni e modifiche creative è un aspetto cruciale nel processo di combinazione di testi e musica generati dall'AI, poiché consente di perfezionare il prodotto finale attraverso un ciclo continuo di feedback e miglioramenti. Questo processo iterativo coinvolge l'analisi critica del lavoro svolto, la raccolta di suggerimenti da parte di collaboratori e ascoltatori, e l'applicazione di modifiche che affinino l'equilibrio tra testo e musica. Un metodo

efficace prevede la creazione di un documento di revisione, in cui vengono annotate le modifiche apportate a ogni fase del progetto, dal prompt iniziale alla versione finale della canzone. Ad esempio, dopo aver generato una prima bozza con ChatGPT e SunoAI, il compositore può riascoltare la traccia e rivedere il testo, identificando punti deboli o aree di miglioramento. Le revisioni possono riguardare aspetti come il ritmo, l'intonazione, la sincronizzazione dei ritmi vocali o la coerenza strutturale del testo. L'uso di strumenti collaborativi, come piattaforme di feedback online o sessioni di ascolto con un gruppo di pari, aiuta a raccogliere osservazioni che possono essere integrate nel processo di editing. Un esempio pratico consiste nel suddividere il brano in sezioni e invitare collaboratori a commentare ciascuna parte, suggerendo modifiche che possano rendere la transizione tra strofe e ritornello più fluida o il messaggio narrativo più incisivo. La gestione delle revisioni richiede anche un approccio organizzato: utilizzare software di versioning o registrare le differenti iterazioni del brano permette di tornare indietro se una modifica non produce l'effetto desiderato, assicurando così un percorso di lavoro documentato e facilmente gestibile. La flessibilità offerta da SunoAI e ChatGPT consente di apportare modifiche rapide, testando diverse soluzioni e confrontando gli output per individuare quale versione offra il miglior equilibrio tra originalità e coerenza. Questo processo di revisione diventa un'opportunità per affinare la propria visione artistica, imparando a integrare il feedback e a sperimentare con nuove idee fino a ottenere un risultato che rispecchi appieno le intenzioni creative. La capacità di gestire revisioni in modo sistematico rappresenta quindi un elemento chiave per chi desidera utilizzare l'AI come strumento creativo, in quanto permette di trasformare ogni intervento in un'opportunità di crescita e perfezionamento. Attraverso esercizi pratici, il compositore può sviluppare una metodologia di revisione che combina l'uso di strumenti digitali, il confronto tra diverse versioni e la raccolta di feedback esterno, creando così un ciclo virtuoso di miglioramento continuo che porta alla realizzazione di brani musicali di alta qualità.

6.10 Esempi pratici di canzoni complete

Gli esempi pratici di canzoni complete generate combinando testi e musica con l'aiuto di ChatGPT e SunoAI offrono un modello concreto di come la tecnologia possa essere utilizzata per creare opere d'arte integrative e coinvolgenti. Questi esempi rappresentano casi studio che illustrano il processo dall'ideazione alla produzione finale, mostrando ogni fase in dettaglio e offrendo spunti preziosi per chi desidera intraprendere un percorso simile. Un esempio potrebbe riguardare la creazione di una canzone che narra la storia di un viaggio interiore, in cui il testo, generato con ChatGPT, racconta in modo poetico le sfide e le scoperte di un percorso emotivo, mentre la base musicale, prodotta da SunoAI, utilizza una combinazione di suoni ambient e ritmi pulsanti per enfatizzare i momenti di transizione emotiva. In questo caso, il compositore ha definito un prompt dettagliato che includeva indicazioni sul tono, sul ritmo e sul mood, ottenendo una traccia che rispecchia in maniera fedele la visione artistica. Un altro esempio pratico prevede la creazione di un brano energico in stile synth-pop, in cui il testo è caratterizzato da espressioni dirette e ripetitive che enfatizzano l'energia e la vitalità, mentre la musica presenta un ritmo sincopato, bassi potenti e synth brillanti. Il risultato è una canzone ideale per performance live, in cui ogni elemento – dalla struttura del testo alla disposizione degli strumenti – è stato attentamente calibrato per creare un'esperienza d'ascolto coinvolgente e memorabile. Questi casi studio evidenziano l'importanza di un workflow integrato e collaborativo, in cui ogni fase, dalla generazione dei contenuti alla post-produzione, viene curata con attenzione e precisione. Attraverso la documentazione delle varie iterazioni e l'analisi dei feedback raccolti, il compositore impara a perfezionare il proprio metodo, sviluppando una tecnica che unisce l'efficienza dell'AI con la sensibilità artistica. L'uso di esempi pratici non solo dimostra le potenzialità della combinazione tra testi e musica generati dall'AI, ma offre anche una fonte di ispirazione per sviluppare un proprio stile unico e riconoscibile, capace di distinguersi nel panorama musicale contemporaneo. Questi esempi, presentati attraverso demo, registrazioni e interviste, forniscono una guida operativa che illustra come trasformare idee e concetti in canzoni complete, dalla fase iniziale di brainstorming fino alla finalizzazione del mix e del mastering, mostrando come ogni dettaglio possa essere curato per ottenere un prodotto finale di alta qualità e grande impatto emotivo.

Esercizi di fine capitolo

1. Sviluppa una canzone completa utilizzando un workflow collaborativo tra ChatGPT e SunoAI:

definisci un prompt dettagliato per il testo e uno per la base musicale, genera il contenuto, ed esegui le fasi di editing e sincronizzazione. Documenta il processo e annota le modifiche apportate per migliorare l'integrazione tra testo e musica.

2. Crea tre versioni di un brano in cui sperimenti differenti tecniche di sincronizzazione dei ritmi vocali. Analizza e confronta i risultati, concentrandoti su come le variazioni influenzino la coerenza e l'impatto emotivo della canzone.

3. Prepara una presentazione che raccolga esempi pratici di canzoni complete create con l'ausilio di ChatGPT e SunoAI. Spiega le strategie adottate per combinare testi e musica, illustrando ogni fase del processo e discutendo le revisioni e modifiche creative che hanno portato al risultato finale.

Capitolo 7: Sviluppare la Propria Canzone: Dalla Creazione all'Arrangiamento

7.1 Pianificazione e brainstorming iniziale

La pianificazione e il brainstorming iniziale rappresentano la fase fondamentale per lo sviluppo di una canzone che sia non solo coerente, ma anche carica di emozione e originalità. In questo stadio, l'idea di base viene esplorata attraverso sessioni di riflessione e di confronto, dove l'obiettivo principale è quello di raccogliere spunti e concetti da cui partire per costruire la struttura del brano. Un metodo efficace è quello di utilizzare tecniche di brainstorming visivo, come mappe mentali e diagrammi, che permettono di collegare idee e temi correlati. Ad esempio, se l'intento è creare una canzone che parli di un viaggio interiore, il compositore può annotare parole chiave come "scoperta", "trasformazione", "ostacoli" e "rinascita", organizzandole in categorie che rappresentano le fasi di un percorso emotivo. Durante questa fase è utile dedicare tempo alla ricerca di ispirazione: ascoltare brani di artisti affermati, leggere poesie o semplicemente immergersi in ambientazioni diverse può stimolare nuove idee e arricchire il vocabolario creativo. La collaborazione con altri musicisti o scrittori può offrire ulteriori prospettive, poiché il confronto di opinioni e stili differenti favorisce l'emersione di concetti innovativi che altrimenti potrebbero rimanere inespressi. Una pratica comune consiste nel fissare un tempo limitato – ad esempio, 30 minuti di scrittura libera – durante il quale si annotano tutte le idee senza preoccuparsi della coerenza o della forma; questo metodo permette di superare il blocco creativo e di accumulare materiale da cui attingere in seguito. Successivamente, il compositore rivede queste annotazioni, selezionando gli elementi più significativi e organizzandoli in un'idea guida. Durante il brainstorming iniziale è importante anche definire il target e il mood della canzone, decidendo se il brano debba trasmettere un senso di gioia, tristezza, speranza o riflessione. Questi dettagli aiuteranno a delineare non solo il testo, ma anche la melodia e gli arrangiamenti musicali, garantendo una coerenza complessiva nel prodotto finale. L'utilizzo di strumenti digitali, come app per note o software di mind mapping, consente di archiviare e riorganizzare le idee in maniera efficiente, facilitando la fase di pianificazione. Durante il brainstorming, è consigliabile annotare anche possibili titoli e frasi chiave che potrebbero diventare il ritornello o il fulcro emotivo del brano. La fase di pianificazione, quindi, non si limita a raccogliere idee, ma diventa un vero e proprio laboratorio creativo in cui ogni spunto viene analizzato e collegato a una visione artistica più ampia. La cura e l'attenzione dedicate a questo stadio iniziale permettono di costruire una solida base su cui sviluppare il resto della canzone, orientando il processo creativo verso risultati originali e ben strutturati. In questo modo, il compositore si assicura che la canzone nasca da una visione chiara e condivisa, capace di evolversi in una composizione completa e coerente durante le fasi successive del processo.

7.2 Strutturare il brano: intro, strofa, ritornello, ecc.
Strutturare il brano in sezioni ben definite è un passaggio

essenziale per garantire che la canzone segua un flusso narrativo coerente e coinvolgente. La suddivisione in parti come introduzione, strofa, ritornello, ponte e coda permette di organizzare le idee raccolte durante la fase di brainstorming in una mappa strutturata che guida il compositore nell'elaborazione del pezzo. L'introduzione, ad esempio, ha il compito di catturare immediatamente l'attenzione dell'ascoltatore, introducendo il tema e creando l'atmosfera giusta per il resto della canzone. Per un brano che esplori un viaggio interiore, l'intro potrebbe utilizzare elementi sonori delicati e un testo evocativo che anticipi le emozioni che verranno espresse successivamente. Le strofe, che costituiscono il corpo narrativo del brano, devono sviluppare la storia o il messaggio in maniera progressiva, con ogni strofa che aggiunge nuove sfumature e approfondisce il significato. Il ritornello rappresenta il cuore emotivo della canzone, una sezione ripetitiva e facilmente memorizzabile che riassume il messaggio centrale e ne rafforza l'impatto. La struttura classica prevede che il ritornello venga inserito dopo ogni strofa, creando un ritmo ripetitivo che stabilizza la composizione. Il ponte, o "bridge", è un'area di transizione che può introdurre un cambiamento di tono o di ritmo, fornendo una pausa narrativa che rinfresca l'orecchio dell'ascoltatore e prepara il terreno per il ritorno del ritornello. La coda, infine, offre una conclusione graduale, chiudendo il brano con una dissolvenza che lascia un'impressione duratura. Un esempio pratico di struttura potrebbe essere il seguente: iniziare con un'introduzione di 20-30 secondi che utilizza strumenti leggeri come un pianoforte o un synth morbido, seguita da una prima strofa che introduce la storia, poi un ritornello accattivante, una seconda strofa che approfondisce il tema, un ponte che varia il ritmo e una ripetizione del ritornello per rafforzare l'impatto emotivo, concludendo con una coda che sfuma gradualmente. Questo approccio permette di mantenere l'ascoltatore coinvolto, offrendo al contempo spazi per l'espressione emotiva e la sperimentazione sonora. Durante il processo di strutturazione, è utile utilizzare strumenti digitali come sequencer e DAW (Digital Audio Workstation), che consentono di visualizzare graficamente la suddivisione del brano e di sperimentare con la disposizione delle varie sezioni. La pianificazione accurata della struttura permette di definire un percorso narrativo chiaro, in cui ogni sezione ha un ruolo ben preciso, facilitando il lavoro successivo di arrangiamento e produzione. Il compositore, osservando la struttura definita, potrà poi utilizzare SunoAI per generare le parti musicali specifiche per ciascuna sezione, sincronizzando il testo e la musica in modo armonico e coerente. La chiarezza della struttura è fondamentale per evitare discontinuità e garantire una progressione fluida, elementi che sono essenziali per una canzone di successo. Attraverso esercizi pratici, l'utente può sperimentare con diverse strutturazioni, registrando e analizzando i risultati per individuare la combinazione che meglio rispecchia la propria visione artistica e che riesce a trasmettere il messaggio in modo efficace.

7.3 Tecniche di arrangiamento musicale
Le tecniche di arrangiamento musicale costituiscono il cuore della trasformazione di una semplice idea in una composizione complessa e articolata, capace di esprimere

emozioni e storie in modo completo. Un arrangiamento ben strutturato prevede la combinazione armonica di diversi elementi sonori, come melodie, ritmi, armonie e timbri, che devono interagire in modo sinergico per creare un'esperienza d'ascolto coesa. La prima fase consiste nell'analisi della struttura del brano, definita in precedenza, e nella scelta degli strumenti da utilizzare per ciascuna sezione. Per esempio, in una canzone che racconta un viaggio interiore, l'introduzione potrebbe essere caratterizzata da un pianoforte solista che stabilisce un tono riflessivo, mentre le strofe possono includere un accompagnamento di chitarra acustica e un leggero pad sintetico per creare una base morbida e avvolgente. Il ritornello, essendo la parte più emotivamente carica, potrebbe essere arricchito da una sezione di archi o da un uso marcato dei percussivi, in grado di enfatizzare il culmine del messaggio. Le tecniche di arrangiamento includono anche l'uso di dinamiche variabili, dove si modulano i livelli di intensità sonora per creare contrasto e movimento. Ad esempio, l'introduzione e le strofe potrebbero presentare una dinamica più contenuta, che gradualmente si intensifica nel ritornello, per poi tornare a un tono più morbido durante il ponte. Un'altra tecnica fondamentale è la scelta delle transizioni, ovvero i passaggi che collegano le diverse sezioni del brano. Queste transizioni devono essere fluide e ben pensate, utilizzando elementi come crescendo, decrescendo, pause o effetti sonori che aiutino a legare insieme le parti del brano senza interruzioni brusche. Un esempio pratico consiste nell'utilizzo di un breve interludio strumentale tra la seconda strofa e il ritornello, che può essere creato attraverso l'uso di un arpeggio o di un breve assolo di chitarra, fornendo un momento di respiro che prepara l'ascoltatore al picco emotivo del ritornello.

L'arrangiamento musicale richiede anche una particolare attenzione al bilanciamento dei vari strumenti, assicurando che nessun elemento sovrasti gli altri e che la combinazione complessiva risulti armoniosa. L'uso di software di editing e di mixaggio è fondamentale in questa fase, poiché consente di sperimentare con livelli di volume, equalizzazione e panoramica, regolando il mix in modo da ottenere un risultato equilibrato e professionale. Inoltre, l'integrazione di tecniche di layering, dove più suoni vengono sovrapposti per creare texture ricche e stratificate, può portare a un arrangiamento più complesso e coinvolgente. Durante l'arrangiamento, è importante mantenere sempre una visione d'insieme e non perdere di vista il messaggio emotivo e narrativo del brano, assicurandosi che ogni scelta strumentale contribuisca a rafforzare l'idea di base. Attraverso esercizi pratici, il compositore può sperimentare diverse configurazioni di arrangiamento, registrando e confrontando i risultati per individuare le combinazioni che meglio rispecchiano la propria visione artistica. Questo processo iterativo di sperimentazione e revisione consente di affinare le proprie tecniche e di sviluppare un proprio stile, capace di distinguersi per originalità e coerenza, trasformando una semplice idea in una canzone completa e vibrante.

7.4 Utilizzo di SunoAI per creare vari sezioni

L'utilizzo di SunoAI per creare le diverse sezioni di un brano rappresenta un approccio innovativo che consente di generare in modo automatico e personalizzato le parti della canzone, come l'introduzione, le strofe, il ritornello, il ponte e la coda. Il processo inizia con la definizione di prompt specifici per ogni sezione, in modo da guidare il sistema nella produzione di elementi che rispettino le caratteristiche desiderate. Ad esempio, per un'introduzione, si può impostare un prompt che richiede una melodia soft, accompagnata da accordi delicati, in grado di instaurare immediatamente l'atmosfera del brano. Nelle strofe, il prompt potrebbe includere indicazioni per un testo narrativo che si sviluppa con una cadenza regolare e una base musicale che supporta senza dominare la voce, mentre per il ritornello si richiede un output energico e memorabile, con una progressione armonica accattivante e un testo ripetitivo che ne rafforzi il messaggio emotivo. L'uso di SunoAI in questo contesto permette di sperimentare con diverse versioni per ogni sezione: il compositore può generare più output, confrontare le varianti e selezionare quelle che meglio si adattano alla visione complessiva della canzone. Questa metodologia offre il vantaggio di avere una base flessibile, sulla quale intervenire successivamente per modifiche e personalizzazioni. Un esempio pratico consiste nel generare un ritornello che, grazie a SunoAI, risulti ricco di elementi melodici accattivanti e che venga poi sincronizzato con un testo prodotto da ChatGPT, creando un forte impatto emotivo. Durante questa fase, è utile utilizzare strumenti di editing integrati per modificare la lunghezza, il ritmo e la tonalità di ciascuna sezione, garantendo che ogni parte si integri perfettamente con le altre. L'uso iterativo e modulare del sistema consente di costruire un brano complesso partendo da componenti generati automaticamente, che vengono poi raffinati e assemblati in un prodotto finale armonioso. La capacità di creare vari sezioni in modo separato offre anche la possibilità di sperimentare con transizioni e variazioni dinamiche, assicurando che ogni cambiamento di sezione sia fluido e naturale. Attraverso questo approccio, il compositore può concentrarsi sulla coerenza della struttura generale, mentre l'AI fornisce gli elementi di base che possono essere ulteriormente elaborati in fase di post-produzione. L'esperienza di utilizzare SunoAI per creare le sezioni della canzone diventa così un'opportunità per sviluppare un workflow collaborativo e iterativo, in cui il compositore apprende a integrare input testuali e sonori in maniera sinergica, ottenendo un brano che sia al tempo stesso originale, ben strutturato e in perfetta sintonia con la propria visione artistica. Questo metodo permette di risparmiare tempo e di sperimentare con numerose varianti, affinando il risultato finale attraverso continui aggiustamenti e revisioni.

7.5 Integrazione di variazioni e transizioni

L'integrazione di variazioni e transizioni rappresenta un elemento essenziale per rendere una canzone dinamica e in continuo movimento, garantendo che ogni sezione si colleghi fluidamente alla successiva e che il brano mantenga l'attenzione dell'ascoltatore. In questo contesto, la capacità di inserire transizioni creative e variazioni strutturali permette di creare momenti di sorpresa e di intensità, che arricchiscono la narrazione musicale. Ad esempio, una transizione ben riuscita tra una strofa e il ritornello può essere ottenuta utilizzando un breve interludio strumentale, un effetto di delay o una modulazione graduale del ritmo, che prepari l'ascoltatore al cambiamento emotivo e ritmico. Le variazioni possono consistere nel modificare l'armonia, l'intensità sonora o il timbro degli strumenti, creando un contrasto che enfatizzi il passaggio da una parte all'altra della canzone. Un approccio pratico prevede di generare diverse versioni di transizioni utilizzando SunoAI, in cui il compositore imposta prompt specifici per ottenere output variabili. Ad esempio, si può richiedere una transizione che utilizzi un crescendo di archi seguito da un calo improvviso della dinamica, oppure un passaggio in cui il ritmo si interrompe momentaneamente per poi riprendere con una nuova progressione armonica. Queste tecniche permettono di creare una struttura musicale che risulti al contempo coerente e sorprendente, mantenendo l'attenzione dell'ascoltatore attraverso cambiamenti ben calibrati. Durante questa fase, l'uso di strumenti di editing audio diventa fondamentale per affinare i dettagli, sincronizzare i tempi e bilanciare i livelli tra le diverse sezioni. Il compositore può sperimentare con automazioni per variare il volume, applicare effetti come riverbero o delay e creare sfumature che rendano il passaggio tra le parti più naturale e armonioso. Un esempio pratico di integrazione di variazioni e transizioni potrebbe essere quello di un brano che inizia con un'introduzione dolce e melodica, evolve in strofe più narrative e culmina in un ritornello energico, in cui il ponte funziona da elemento di transizione che riprende i temi introduttivi e li trasforma in un'esplosione emotiva. La capacità di gestire queste variazioni richiede un orecchio critico e una comprensione approfondita delle dinamiche musicali, elementi che si sviluppano attraverso esercitazioni e revisioni iterative. La documentazione dei vari esperimenti, con la registrazione delle versioni alternative e l'analisi delle reazioni del pubblico o dei collaboratori, consente di identificare le strategie migliori per integrare in modo efficace transizioni e variazioni.

Questo processo iterativo diventa un'opportunità per perfezionare il proprio stile e per sviluppare un metodo personale di lavoro, in cui ogni variazione si trasforma in un elemento distintivo che arricchisce la composizione complessiva. Attraverso esercizi pratici, il compositore può sperimentare con diverse soluzioni, confrontare i risultati ottenuti e scegliere quelle che meglio rispecchiano la propria visione artistica, garantendo così che la canzone finale sia un'opera dinamica e coinvolgente, capace di evolversi in maniera fluida e armoniosa lungo tutto il suo svolgimento.

7.6 Lavorare su temi e motivi ricorrenti

Lavorare su temi e motivi ricorrenti è una strategia fondamentale per conferire coesione e identità a una canzone, rendendo il brano riconoscibile e memorabile. I temi musicali rappresentano le "colonne portanti" di una composizione, in grado di evocare emozioni specifiche e di collegare le diverse sezioni del brano. La ripetizione di motivi, se ben gestita, crea un senso di familiarità nell'ascoltatore, che può così affezionarsi al ritmo o alla melodia principale. Per ottenere questo effetto, il compositore può utilizzare SunoAI per generare varianti di un tema musicale centrale, sperimentando con lievi modifiche nell'intonazione, nel ritmo o nel timbro. Un esempio pratico consiste nel definire un motivo melodico semplice e poi richiedere al sistema di produrre versioni alternative, che possono essere usate per introdurre variazioni nelle strofe o per enfatizzare il ritornello. Questi motivi ricorrenti possono essere adattati e trasformati nel corso della canzone, mantenendo una linea narrativa coerente e creando un filo conduttore che lega insieme le diverse sezioni. L'uso di elementi ricorrenti non si limita al solo ambito musicale, ma si estende anche al testo: frasi o immagini particolarmente evocative possono essere ripetute in momenti strategici, contribuendo a rafforzare il messaggio emotivo della canzone. La combinazione di temi musicali e testi ricorrenti crea una sinergia che rende il brano più forte e distintivo. Un approccio efficace prevede l'analisi dei brani di successo, in cui la ripetizione di motivi è utilizzata per creare hook memorabili, e l'applicazione di queste tecniche al proprio processo creativo. Durante la fase di arrangiamento, il compositore può utilizzare strumenti di editing per isolare e amplificare i motivi principali, sperimentando con la loro variazione attraverso effetti come delay, riverbero o modulazioni. Un altro esempio pratico è rappresentato dalla creazione di una "sezione tematica", dove il motivo principale viene ripreso in diverse varianti, creando un contrasto tra le parti della canzone ma mantenendo al contempo una coerenza stilistica. Lavorare su temi e motivi ricorrenti richiede un'attenzione particolare alla ripetizione e alla variazione, in modo da evitare la monotonia e mantenere sempre viva l'attenzione dell'ascoltatore. Attraverso esercizi pratici, il compositore può sperimentare la generazione di motivi in diverse tonalità e ritmi, annotando quali varianti producono l'effetto emotivo desiderato, e integrando questi elementi in un arrangiamento complessivo che sia armonico e ben bilanciato. Questo processo di sperimentazione e revisione, unito alla documentazione dettagliata delle iterazioni, permette di sviluppare un proprio linguaggio musicale, in cui temi e motivi diventano la firma distintiva dell'opera. L'obiettivo è quello di creare una canzone in cui ogni elemento, dalla melodia al testo, lavori in sinergia per trasmettere un messaggio forte e coerente, dando al brano un'identità unica e riconoscibile che rimanga impressa nella memoria dell'ascoltatore.

7.7 Ottimizzazione del flusso narrativo musicale

Ottimizzare il flusso narrativo musicale significa garantire che la canzone racconti una storia in modo fluido e coinvolgente, dove la progressione degli elementi sonori e testuali si intreccia per creare un'esperienza emozionale completa. Il flusso narrativo in un brano musicale si riferisce alla continuità e all'evoluzione della composizione, dove ogni sezione si collega con le altre per formare un racconto coerente. Per ottenere questo effetto, è necessario pianificare attentamente la sequenza delle parti: l'introduzione deve catturare l'attenzione, le strofe devono sviluppare la narrazione, il ritornello deve fornire un punto focale emotivo, mentre il ponte e la coda chiudono il racconto con una nota memorabile. Un metodo pratico per ottimizzare il flusso narrativo consiste nell'utilizzare storyboard o diagrammi che mappano la progressione del brano, evidenziando i punti di svolta e i momenti di intensità emotiva. Ad esempio, un compositore può suddividere il brano in quattro fasi principali e definire per ciascuna la dinamica, il tono e l'atmosfera desiderata, creando così un "copione" musicale che guidi il processo creativo. SunoAI e ChatGPT possono essere integrati in questo processo fornendo input specifici per ogni fase: il testo generato per le strofe può essere orientato a raccontare la storia in modo lineare, mentre la musica per il ritornello può essere progettata per enfatizzare il culmine emotivo. Durante il mixaggio, il compositore utilizza tecniche di automazione per gestire le transizioni tra le sezioni, ad esempio aumentando gradualmente il volume o modificando gli effetti per creare un ponte tra un passaggio narrativo e l'altro. Un esempio pratico potrebbe essere quello di un brano che inizia con un'introduzione soft e riflessiva, prosegue con strofe che evolvono gradualmente in intensità, raggiunge un ritornello esplosivo e poi si rilassa in un ponte che prepara il terreno per la ripresa finale del ritornello. La chiave per ottimizzare il flusso narrativo sta nel mantenere sempre una coerenza emotiva e stilistica, assicurando che ogni variazione nel brano abbia una ragione d'essere e contribuisca al messaggio complessivo. Strumenti digitali come le Digital Audio Workstation offrono funzionalità che permettono di visualizzare e regolare il flusso del brano, facilitando l'individuazione di eventuali discontinuità o incongruenze che potrebbero interrompere la narrazione. La revisione iterativa, in cui si ascoltano più versioni del brano e si apportano modifiche basate sui feedback, è fondamentale per perfezionare il flusso narrativo e garantire che il racconto musicale risulti coinvolgente dall'inizio alla fine. Attraverso esercizi pratici, il compositore può sperimentare con diverse strutture narrative, annotando come piccoli cambiamenti nella sequenza o nelle transizioni influenzino l'esperienza emotiva complessiva, e utilizzando queste informazioni per costruire un brano che racconti una storia in modo organico e avvincente. L'obiettivo è quello di creare un prodotto finale in cui ogni elemento – testo, melodia, ritmo ed effetti – si integri armoniosamente per formare un racconto musicale che lasci un'impressione duratura nell'ascoltatore.

7.8 Utilizzo di effetti e sonorità personalizzate

L'utilizzo di effetti e sonorità personalizzate è un aspetto chiave per arricchire e rendere unica una canzone, poiché consente di aggiungere profondità, texture e carattere al brano. Attraverso l'impiego di effetti digitali, come riverbero, delay, chorus, flanger e compressione, il compositore può modulare il suono in modo da creare atmosfere particolari e dare una firma sonora distintiva alla propria musica. Un approccio pratico consiste nell'esplorare diverse combinazioni di effetti applicati alle tracce vocali e strumentali, sperimentando come variazioni di parametro influenzino la percezione emotiva del brano. Ad esempio, l'applicazione di un riverbero lungo e denso su una parte vocale può conferire un senso di spazialità e di mistero, mentre un delay ritmico può aggiungere movimento e dinamicità, creando un effetto eco che amplifica il messaggio del testo. L'utilizzo di effetti personalizzati permette anche di creare sonorità ibride, combinando suoni tradizionali con elementi digitali, e di sperimentare con timbri insoliti che non si trovano nelle configurazioni standard. SunoAI offre la possibilità di integrare questi effetti durante la fase di generazione, ma il tocco finale spetta al compositore, che attraverso software di editing e mixaggio può intervenire per personalizzare ulteriormente la traccia. Un esempio pratico consiste nell'utilizzare un sintetizzatore per creare una base, e poi applicare una catena di effetti su ogni traccia per ottenere un suono stratificato: il pianoforte potrebbe essere trattato con un leggero chorus e un riverbero morbido, mentre la voce potrebbe beneficiare di un delay sincronizzato con il tempo del brano, creando un'armonia che si evolve nel corso della canzone. L'interazione tra effetti e sonorità personalizzate è fondamentale anche per definire il mood del brano: un suono caldo e avvolgente trasmette sensazioni diverse rispetto a un suono tagliente e metallico, e la scelta degli effetti diventa un'estensione del linguaggio emotivo del compositore. Durante la fase di post-produzione, è possibile sperimentare con diverse impostazioni, salvando le versioni che producono l'effetto desiderato e combinandole per creare una traccia finale che rispecchi l'identità sonora personale. L'uso di plugin specifici e la capacità di automazione nel mixaggio consentono di apportare modifiche in tempo reale, offrendo un controllo preciso sulle variazioni dinamiche e sulle sfumature sonore. Attraverso esercizi pratici, il compositore può lavorare su sezioni isolate della canzone, applicando diversi effetti e documentando i risultati ottenuti, per poi scegliere la combinazione che meglio si integra con il resto del brano. Questo processo di sperimentazione e personalizzazione non solo arricchisce il prodotto finale, ma permette anche di sviluppare un proprio stile distintivo, capace di emergere in un panorama musicale sempre più competitivo. La capacità di utilizzare effetti e sonorità personalizzate diventa così un'abilità fondamentale per trasformare una composizione generata in maniera automatica in un'opera d'arte sonora, dove ogni dettaglio è curato e ogni effetto contribuisce a raccontare una storia in maniera unica ed emozionante.

7.9 Verifica della coerenza stilistica

Verificare la coerenza stilistica di una canzone è un passaggio cruciale nel processo di sviluppo che assicura che ogni elemento – dal testo alla melodia, dagli arrangiamenti agli effetti – si integri in modo armonioso e rifletta una visione artistica unitaria. Questo controllo qualitativo si basa su una revisione attenta e sistematica del brano, dove il compositore analizza se le variazioni apportate in fase di brainstorming, generazione automatica e post-produzione siano coerenti con lo stile scelto all'inizio del progetto. Un metodo efficace consiste nell'utilizzare una checklist che comprenda aspetti come la consistenza del tono, l'armonia dei ritmi e la fluidità delle transizioni tra le diverse sezioni. Per esempio, se l'obiettivo era creare una ballata intimista, ogni sezione del brano – dall'introduzione al ritornello – deve rispecchiare quel tono, evitando bruschi cambiamenti che possano interrompere la narrazione emotiva. Durante la fase di verifica, strumenti di analisi audio e software di editing possono essere utilizzati per confrontare le varie parti della canzone, valutando la coerenza della timbrica e la continuità della dinamica. Un esempio pratico consiste nell'ascoltare il brano in differenti ambienti (come cuffie, casse acustiche e sistemi stereo) per verificare che la qualità sonora rimanga costante e che il mix mantenga l'equilibrio desiderato. La revisione iterativa, in cui il compositore riascolta e modifica continuamente il brano, diventa un'opportunità per correggere eventuali incoerenze e per rafforzare il messaggio artistico. È utile anche confrontare il lavoro in corso con riferimenti di altri artisti o con progetti precedenti, per individuare elementi che potrebbero essere migliorati o che, al contrario, si rivelano particolarmente efficaci. La verifica della coerenza stilistica non riguarda solo la parte musicale, ma anche l'integrazione del testo: le parole devono fluire in modo naturale con la melodia e contribuire a rafforzare il tema della canzone. Il compositore può utilizzare sessioni di ascolto collaborativo, in cui altri musicisti o critici forniscono feedback, per ottenere una visione esterna che evidenzi punti di forza e debolezze del brano. Questo processo di revisione critica permette di affinare il prodotto finale, trasformando ogni intervento in un'opportunità per migliorare l'armonia complessiva della composizione. Attraverso esercizi pratici, il compositore può sperimentare diverse versioni del mix, documentando le differenze e selezionando la configurazione che meglio rispecchia l'identità stilistica voluta. La capacità di verificare e mantenere la coerenza stilistica è quindi un'abilità essenziale per chiunque desideri produrre canzoni di alta qualità, poiché garantisce che ogni elemento del brano lavori in sinergia per creare un'esperienza d'ascolto fluida, emozionante e in linea con la visione artistica iniziale.

7.10 Finalizzazione e preparazione alla pubblicazione
La finalizzazione e la preparazione alla pubblicazione rappresentano l'ultima fase del processo creativo, in cui il brano, già strutturato e raffinato attraverso fasi iterative di editing e revisione, viene reso pronto per essere condiviso

con il pubblico. Questo stadio prevede una serie di interventi tecnici e artistici volti a garantire che il prodotto finale sia di alta qualità, coerente e in grado di competere sul mercato musicale. Durante la finalizzazione, il compositore esamina attentamente ogni aspetto della canzone, dal mixaggio al mastering, verificando che non vi siano incongruenze o imperfezioni. L'uso di software di mastering permette di regolare i livelli, bilanciare le frequenze e applicare un'ultima compressione che ottimizza il suono per diverse piattaforme di distribuzione, come streaming, CD o vinile. Un esempio pratico consiste nel sottoporre il brano a un processo di revisione finale, dove ogni sezione viene ascoltata in ambienti differenti per accertarsi che la qualità sonora sia costante e che l'esperienza d'ascolto risulti coinvolgente. Parallelamente alla parte tecnica, il compositore si concentra sulla presentazione artistica del brano, definendo il titolo, la copertina e il packaging digitale, elementi che saranno fondamentali per attirare l'attenzione del pubblico e per trasmettere l'identità visiva del progetto. La preparazione alla pubblicazione include anche la scrittura di una breve descrizione o di un comunicato stampa, che spieghi il concept della canzone e ne evidenzi i punti di forza, oltre a fornire informazioni sul processo creativo e sull'uso di strumenti AI come SunoAI e ChatGPT. La fase finale prevede inoltre il controllo della conformità tecnica, verificando che il file audio sia in formato adeguato e che rispetti le specifiche richieste dalle piattaforme di distribuzione. L'uso di strumenti di controllo qualità, come software di analisi spettrale, aiuta a individuare eventuali anomalie e a correggerle prima della pubblicazione.

Durante questo periodo, il compositore è invitato a raccogliere feedback da ascoltatori selezionati, per avere un'ultima valutazione critica del brano e apportare eventuali ulteriori ritocchi. La finalizzazione e la preparazione alla pubblicazione non sono solo fasi tecniche, ma anche l'occasione per riflettere sul percorso creativo e per consolidare il proprio stile artistico, trasformando il lavoro svolto in un prodotto completo e professionale. Attraverso esercizi pratici, il compositore può documentare ogni fase finale, creando un portfolio del processo che non solo funge da guida per futuri progetti, ma diventa anche uno strumento di marketing per presentare il proprio lavoro al mondo.

Esercizi di fine capitolo

1. Pianifica e realizza una canzone completa partendo da un brainstorming iniziale: crea una mappa mentale delle idee, definisci la struttura (intro, strofe, ritornello, ponte, coda) e documenta ogni fase del processo, includendo appunti e riflessioni sulle scelte effettuate.

2. Utilizza SunoAI per generare le diverse sezioni del brano, poi integra le parti con tecniche di arrangiamento e transizioni, sperimentando con variazioni di temi e motivi ricorrenti. Registra diverse iterazioni e confronta i risultati per individuare la versione più coerente e coinvolgente.

3. Prepara il brano per la pubblicazione: effettua il mixaggio e il mastering utilizzando strumenti di

editing audio, crea il titolo e la copertina, e redigi una breve descrizione del progetto. Presenta il prodotto finale a un gruppo di ascoltatori selezionati e raccogli feedback per eventuali revisioni.

Capitolo 8: Pubblicare e Promuovere la Tua Musica su Piattaforme Digitali

8.1 Introduzione alle piattaforme digitali

La pubblicazione e la promozione della propria musica nel mondo digitale rappresentano oggi un'opportunità senza precedenti per gli artisti indipendenti e per chiunque voglia farsi conoscere a livello globale. Le piattaforme digitali hanno rivoluzionato il modo in cui la musica viene distribuita e consumata, eliminando le barriere tradizionali che un tempo limitavano l'accesso al mercato musicale. Queste piattaforme consentono agli artisti di caricare le proprie tracce e di renderle disponibili a un vasto pubblico in pochi click, offrendo al contempo strumenti analitici che permettono di monitorare le performance in tempo reale. L'ecosistema digitale comprende una varietà di servizi, ognuno dei quali ha le sue peculiarità: ci sono piattaforme di streaming come Spotify, Apple Music e Deezer, servizi di video musicali come YouTube, negozi digitali come iTunes e Bandcamp, oltre a piattaforme di social media che svolgono un ruolo fondamentale nella promozione e nella diffusione del prodotto musicale. In questo contesto, è essenziale per l'artista conoscere non solo le funzionalità di base di queste piattaforme, ma anche le strategie per massimizzare la visibilità e l'engagement del proprio pubblico. Ad esempio, mentre Spotify offre playlist curate e algoritmi di raccomandazione che possono dare visibilità a tracce emergenti, YouTube permette di creare video musicali e contenuti dietro le quinte che aiutano a instaurare un legame diretto con i fan. La scelta delle piattaforme giuste dipende anche dalla tipologia di musica e dal target di ascoltatori: artisti di generi mainstream potrebbero puntare su Spotify e Apple Music, mentre produzioni più di nicchia o indipendenti possono trovare in Bandcamp o SoundCloud un ambiente più accogliente e personalizzato.

Un aspetto chiave dell'introduzione alle piattaforme digitali è la comprensione delle dinamiche di distribuzione e dei modelli di business associati, che variano notevolmente da piattaforma a piattaforma. Alcuni servizi si basano su abbonamenti, altri su modelli freemium con pubblicità, mentre altri ancora permettono agli artisti di vendere direttamente i propri brani o album. Conoscere questi modelli è fondamentale per definire una strategia di distribuzione efficace, che tenga conto sia delle esigenze finanziarie sia delle aspettative creative. Inoltre, le piattaforme digitali offrono la possibilità di interagire direttamente con il pubblico attraverso commenti, messaggi e funzioni di condivisione, creando una community attiva attorno all'artista. Questa interazione può diventare un potente strumento di feedback, permettendo all'artista di comprendere meglio le preferenze dei fan e di adattare le proprie strategie di promozione e produzione musicale. Un esempio pratico può essere rappresentato da un artista che utilizza YouTube per pubblicare video di performance dal vivo, vlog che raccontano il processo creativo e video interattivi che invitano gli spettatori a partecipare a sondaggi per scegliere il titolo del prossimo brano. Questi strumenti, se utilizzati in modo strategico, possono amplificare notevolmente la portata del messaggio musicale e aumentare l'engagement. La conoscenza delle piattaforme digitali non si limita alla distribuzione della musica, ma si estende anche alle tecniche di promozione e marketing, che sono fondamentali per trasformare un semplice upload in una campagna di successo. Attraverso questa guida, l'obiettivo è fornire una panoramica completa delle opportunità offerte dalle piattaforme digitali, illustrando come sfruttarle per ottenere la massima visibilità e per costruire un pubblico fedele, con esempi pratici e strategie operative che possano essere applicate immediatamente da chiunque desideri promuovere la propria musica a livello globale.

8.2 Preparare i file audio per la distribuzione

La preparazione dei file audio per la distribuzione è un passaggio fondamentale che assicura che la musica venga presentata con la massima qualità possibile sulle piattaforme digitali. Questo processo non si limita alla semplice esportazione del file audio, ma comprende una serie di operazioni tecniche e artistiche volte a garantire che ogni traccia sia ottimizzata per il consumo digitale. Innanzitutto, è essenziale verificare che il file audio sia nel formato richiesto dalla piattaforma di destinazione: formati comuni includono WAV, FLAC o MP3, con specifiche di bit rate, frequenza di campionamento e profondità di bit che variano in base ai requisiti tecnici. La scelta del formato incide direttamente sulla qualità del suono e sulla compatibilità con i dispositivi di riproduzione degli utenti. Un file audio ben preparato dovrebbe essere privo di rumori di fondo, clipping o distorsioni, il che richiede un'accurata fase di mastering.

Durante il mastering, il compositore utilizza strumenti di editing e software specializzati per equalizzare, comprimere e ottimizzare il brano, assicurando che il volume e la dinamica siano bilanciati e che il suono risulti uniforme su diverse piattaforme. Un esempio pratico di questo processo potrebbe essere quello di un artista che, dopo aver completato il mixaggio in una DAW, esporta la traccia in formato WAV ad alta risoluzione, per poi utilizzare un software di mastering come iZotope Ozone per applicare compressione multibanda, equalizzazione e limiting. Questo passaggio è cruciale per garantire che il brano sia competitivo nel mercato digitale, dove gli ascoltatori si aspettano una qualità sonora elevata. Oltre agli aspetti tecnici, preparare i file audio significa anche assicurarsi che i metadati siano correttamente compilati. I metadati includono informazioni come il titolo del brano, l'artista, l'album, l'anno di pubblicazione e i codici ISRC, elementi essenziali per l'identificazione e la tracciabilità della musica su piattaforme di streaming e negozi digitali. L'inserimento accurato di questi dati facilita inoltre il monitoraggio delle performance e la distribuzione delle royalties. Un ulteriore aspetto da considerare è la normalizzazione del volume, che garantisce che la traccia si integri perfettamente in playlist e trasmissioni radiofoniche senza la necessità di aggiustamenti manuali da parte dell'ascoltatore. La preparazione dei file audio è quindi un'operazione che richiede cura e attenzione ai dettagli, poiché ogni aspetto, dalla qualità tecnica al corretto inserimento dei metadati, contribuisce a presentare la musica nella sua forma migliore. Gli artisti sono invitati a utilizzare checklist e guide specifiche per assicurarsi di non trascurare nessun passaggio e di rispettare le linee guida delle piattaforme digitali. In questo modo, il brano non solo risulterà impeccabile dal punto di vista sonoro, ma sarà anche facilmente rintracciabile e promuovibile in un mercato altamente competitivo, garantendo così una presentazione professionale e di alto livello a un pubblico globale.

8.3 Linee guida per Spotify, Apple Music e YouTube

Le linee guida per piattaforme come Spotify, Apple Music e YouTube sono fondamentali per assicurarsi che la propria musica venga distribuita correttamente e riceva la visibilità adeguata. Ciascuna di queste piattaforme ha requisiti tecnici e standard qualitativi specifici che devono essere rispettati per evitare problemi di distribuzione o, peggio, la rimozione del contenuto. Su Spotify, ad esempio, è importante caricare file audio in alta qualità (solitamente in formato WAV o FLAC) e includere metadati accurati, poiché il sistema utilizza algoritmi di raccomandazione che si basano anche su queste informazioni. La piattaforma richiede inoltre che le tracce siano masterizzate in modo tale da garantire un volume e una dinamica costanti, favorendo un'esperienza di ascolto omogenea per tutti gli utenti. Apple Music, d'altra parte, pone l'accento sulla qualità del suono e sull'accuratezza dei metadati; per questo motivo, il processo di mastering deve essere eseguito con strumenti di alta qualità e ogni informazione relativa all'artista, al titolo e all'album deve essere verificata con attenzione. Su YouTube, oltre alla qualità audio, è essenziale concentrarsi sulla componente visiva: le miniature, i video musicali e le descrizioni dettagliate giocano un ruolo cruciale nel catturare l'attenzione degli spettatori. Un video ben prodotto che accompagni il brano può aumentare significativamente il coinvolgimento e la portata del contenuto. Un esempio pratico di conformità a queste linee guida potrebbe essere quello di un artista che, dopo aver masterizzato la propria traccia in formato WAV ad alta risoluzione, utilizza un software di editing per creare un video musicale semplice ma accattivante per YouTube, curando la miniatura e scrivendo una descrizione che includa parole chiave pertinenti e informazioni sull'album. Le linee guida non si limitano agli aspetti tecnici, ma includono anche requisiti legali e di contenuto, come il rispetto dei diritti d'autore e delle normative sulle licenze musicali. Conoscere e seguire queste indicazioni è essenziale per evitare ritardi nella distribuzione e per garantire che la propria musica sia facilmente accessibile su piattaforme globali. Gli artisti sono incoraggiati a consultare le guide ufficiali fornite da ciascuna piattaforma e a utilizzare strumenti di verifica e check-list per assicurarsi di rispettare ogni requisito. La conoscenza approfondita delle linee guida di Spotify, Apple Music e YouTube diventa così un elemento strategico per massimizzare la visibilità e la distribuzione della propria musica, trasformando la pubblicazione digitale in un processo professionale e ben strutturato, capace di supportare il successo a lungo termine nel panorama musicale globale.

8.4 Creare una strategia di distribuzione online

Creare una strategia di distribuzione online efficace è fondamentale per assicurare che la propria musica raggiunga il pubblico desiderato e ottenga il riconoscimento che merita. Questa strategia deve essere elaborata tenendo conto di diversi fattori, tra cui il target di ascoltatori, il genere musicale, le piattaforme di distribuzione e gli obiettivi a breve e lungo termine. Il primo passo consiste nell'analizzare il mercato di riferimento e identificare le piattaforme più adatte per il proprio stile musicale: ad esempio, artisti emergenti di musica elettronica potrebbero concentrarsi su Spotify e SoundCloud, mentre produzioni indie o alternative possono trovare in Bandcamp un ambiente più favorevole. Una volta individuate le piattaforme chiave, è necessario definire una roadmap che includa la tempistica di pubblicazione, le attività di promozione e le strategie di coinvolgimento del pubblico. Un esempio pratico può essere la creazione di un calendario di distribuzione che preveda l'uscita di singoli seguiti dalla pubblicazione dell'album, accompagnati da campagne promozionali sui social media e da eventi live o sessioni di Q&A online. La strategia di distribuzione online deve inoltre integrare strumenti di marketing digitale che consentono di monitorare le performance dei brani, analizzare i dati di ascolto e adattare la strategia in base ai risultati ottenuti. Piattaforme come Spotify for Artists e Apple Music for Artists offrono dati preziosi, come il numero di stream, la provenienza geografica degli ascoltatori e il comportamento degli utenti, che possono essere utilizzati per ottimizzare le campagne promozionali e per pianificare futuri lanci musicali. Un ulteriore aspetto riguarda la definizione di un'identità visiva e comunicativa forte, che si rifletta in elementi come il logo, la copertina dell'album e il tono delle comunicazioni online. Questi elementi aiutano a creare un'immagine coerente e riconoscibile, fondamentale per costruire un brand musicale solido. L'integrazione di collaborazioni e partnership con altre piattaforme e artisti può amplificare la portata del messaggio e facilitare la diffusione della musica. La creazione di una strategia di distribuzione online, quindi, non è un'attività isolata, ma un processo integrato che coinvolge analisi di mercato, pianificazione strategica e utilizzo di strumenti di marketing digitale. Attraverso esercizi pratici, l'artista può sviluppare un piano di distribuzione dettagliato, definendo obiettivi specifici e misurabili, e testare diverse campagne promozionali per capire quali siano le più efficaci per il proprio pubblico. Questa strategia diventa il punto di partenza per una presenza online duratura e per la costruzione di una community di fan che supporti il percorso artistico nel tempo, trasformando la pubblicazione digitale in un processo strutturato e orientato al successo.

8.5 Promuovere la tua musica attraverso i social media
Promuovere la propria musica attraverso i social media è un passaggio essenziale per amplificare la visibilità e raggiungere un pubblico globale, sfruttando piattaforme come Instagram, Facebook, Twitter e TikTok. Questi canali offrono un'opportunità unica per creare una connessione diretta con i fan, condividere aggiornamenti sul processo creativo e costruire una community attiva e fedele. Una strategia efficace di promozione sui social media prevede l'utilizzo di contenuti diversificati, che possono includere clip musicali, video dietro le quinte, interviste, sessioni live e storie quotidiane. Un esempio pratico è rappresentato dall'uso di brevi video su TikTok,

dove frammenti accattivanti di una canzone possono diventare virali e attirare l'attenzione di un vasto pubblico, che a sua volta indirizza traffico verso piattaforme di streaming. Inoltre, Instagram permette di creare un'estetica visiva coerente, utilizzando grafiche e immagini che richiamano l'identità del brand musicale, mentre Facebook e Twitter offrono spazi per discussioni e aggiornamenti più dettagliati. La chiave del successo sui social media risiede nella costanza e nell'interazione: pubblicare regolarmente, rispondere ai commenti, coinvolgere i fan attraverso sondaggi e domande, e collaborare con influencer e altri artisti può amplificare notevolmente la portata del messaggio. Un'altra tattica utile consiste nell'utilizzare hashtag pertinenti, che facilitino la scoperta dei contenuti da parte di utenti interessati a specifici generi musicali o temi, e nel partecipare attivamente a community e gruppi dedicati alla musica. Le campagne promozionali possono essere potenziate anche attraverso la sponsorizzazione di post e l'utilizzo di strumenti di advertising integrati nelle piattaforme, che permettono di raggiungere target specifici in base a interessi, età, posizione geografica e altri parametri demografici. Un esempio pratico di promozione efficace sui social media potrebbe essere quello di un artista che, in vista dell'uscita di un nuovo singolo, organizza una serie di dirette Instagram in cui presenta il brano, risponde alle domande dei fan e condivide curiosità sul processo creativo, creando così un'anticipazione che si traduce in un lancio di successo. È importante anche monitorare e analizzare le performance dei post utilizzando strumenti di analisi offerti dalle piattaforme, in modo da adattare la strategia promozionale in base ai dati e alle risposte del pubblico. La promozione sui social media non è solo una questione di visibilità, ma anche di costruzione di un'identità e di un rapporto autentico con i fan, elementi che sono fondamentali per il successo a lungo termine nel panorama musicale digitale. Gli artisti devono imparare a bilanciare contenuti promozionali e creativi, offrendo un mix che sia informativo, coinvolgente e rappresentativo del proprio stile musicale. Attraverso esercizi pratici, il compositore può sviluppare un piano editoriale per i social media, sperimentare diverse tipologie di contenuti e analizzare le reazioni del pubblico per ottimizzare continuamente la propria strategia di promozione online, trasformando ogni interazione in un'opportunità per rafforzare la propria presenza digitale.

8.6 Strumenti di marketing digitale per artisti

L'utilizzo di strumenti di marketing digitale rappresenta un elemento chiave per amplificare la promozione della propria musica, consentendo agli artisti di raggiungere un pubblico vasto e mirato attraverso canali online. Questi strumenti includono software di analisi dei dati, piattaforme di email marketing, campagne di social advertising e strumenti di automazione che facilitano la gestione delle attività promozionali. Un esempio pratico è l'uso di Google Analytics e di strumenti integrati nelle piattaforme di streaming, che forniscono informazioni dettagliate su come gli ascoltatori interagiscono con la musica, quali sono le fonti di traffico e quali sono le regioni geografiche di maggiore interesse. Questi dati permettono di definire campagne di marketing mirate e di ottimizzare le strategie promozionali in base a informazioni reali. Le campagne di email marketing rappresentano un altro strumento fondamentale: raccogliere indirizzi email attraverso il sito web o i social media e inviare newsletter con aggiornamenti, anteprime esclusive e contenuti dietro le quinte aiuta a creare un rapporto diretto con i fan e a fidelizzarli nel tempo.

Piattaforme come Mailchimp o ConvertKit offrono soluzioni personalizzate per gestire campagne di questo tipo, con la possibilità di segmentare il pubblico e analizzare le performance delle email inviate. Le campagne di social advertising, inoltre, consentono di promuovere la musica attraverso annunci mirati su piattaforme come Facebook, Instagram e YouTube, sfruttando le sofisticate opzioni di targeting che permettono di raggiungere utenti in base a interessi, comportamenti e dati demografici. Un esempio pratico potrebbe essere quello di un artista che investe in una campagna di annunci su Instagram, creando contenuti visivi accattivanti e utilizzando hashtag pertinenti per attirare l'attenzione di un pubblico interessato al genere musicale proposto. Altri strumenti di marketing digitale includono le piattaforme di retargeting, che permettono di mostrare annunci a utenti che hanno già interagito con il sito o i contenuti dell'artista, aumentando così le possibilità di conversione in ascoltatori o acquirenti. È importante anche utilizzare strumenti di gestione dei social media come Hootsuite o Buffer, che consentono di programmare i post, monitorare le interazioni e analizzare i dati relativi all'engagement, garantendo una presenza costante e coordinata su più canali. Questi strumenti di marketing digitale sono indispensabili per costruire una strategia promozionale solida e per raggiungere gli obiettivi di visibilità e vendita, in un mercato sempre più competitivo. Gli artisti devono imparare a integrare queste tecnologie nel loro workflow, sperimentando con diverse strategie e monitorando attentamente i risultati per ottimizzare continuamente le attività promozionali. Attraverso esercizi pratici, il compositore può sviluppare un piano di marketing digitale che includa la definizione del target, la scelta delle piattaforme di advertising e la creazione di contenuti mirati, documentando ogni fase e analizzando i dati per migliorare le proprie strategie e massimizzare il ritorno sull'investimento promozionale.

8.7 Collaborazioni e partnership promozionali

Le collaborazioni e le partnership promozionali rappresentano un'opportunità strategica per ampliare la portata della propria musica, sfruttando sinergie con altri artisti, influencer e aziende del settore. Queste collaborazioni possono assumere molte forme, dalla partecipazione a progetti comuni e featuring con altri musicisti, all'organizzazione di eventi online e offline, fino a campagne di co-branding che combinano l'identità visiva e musicale di più realtà. Un esempio pratico potrebbe essere la collaborazione tra un artista emergente e un influencer digitale, in cui l'influencer utilizza i social media per promuovere il brano, condividendo video, storie e recensioni che attirano l'attenzione del suo vasto pubblico. Un'altra forma di partnership efficace è quella con piattaforme di streaming o con blog musicali specializzati, che possono offrire spazi dedicati e playlist curate che aumentano la visibilità del brano. La creazione di partnership strategiche può prevedere la definizione di obiettivi comuni, la pianificazione di campagne promozionali coordinate e l'utilizzo di risorse condivise, come liste di contatti e dati analitici, per monitorare l'impatto delle azioni promozionali. Un ulteriore esempio pratico è rappresentato dalla partecipazione a eventi musicali o festival, dove artisti emergenti possono esibirsi insieme ad altri talenti, creando una rete di collaborazioni che favorisce lo scambio di pubblico e il rafforzamento del brand personale. La collaborazione con altre realtà del settore, come studi di registrazione o agenzie di booking, può inoltre facilitare l'accesso a risorse e opportunità che sarebbero altrimenti difficili da raggiungere. In questo contesto, la chiave del successo è la capacità di instaurare relazioni professionali durature, basate su fiducia e reciproco vantaggio, che consentano di sviluppare progetti congiunti e di creare campagne promozionali che siano maggiormente incisive e mirate. Gli artisti sono invitati a partecipare attivamente a community e forum di settore, a frequentare eventi di networking e a utilizzare piattaforme digitali che facilitino il contatto tra professionisti, in modo da costruire una rete di contatti che possa supportare il loro percorso artistico. Queste collaborazioni non solo aumentano la visibilità della musica, ma offrono anche la possibilità di apprendere nuove tecniche e strategie promozionali, contribuendo a un arricchimento reciproco delle competenze e delle risorse. Attraverso esercizi pratici, l'artista può elaborare un piano di partnership promozionali, identificando potenziali collaboratori, definendo obiettivi comuni e simulando campagne promozionali collaborative, per verificare l'efficacia di questo approccio nel raggiungimento di un pubblico più ampio e nel consolidare la propria presenza nel mercato musicale digitale.

8.8 Gestione dei diritti e della proprietà intellettuale

La gestione dei diritti e della proprietà intellettuale è un aspetto critico per ogni artista che intende pubblicare la propria musica su piattaforme digitali, in quanto tutela il lavoro creativo e ne garantisce il riconoscimento economico e legale. In un'epoca in cui la distribuzione digitale permette la diffusione globale delle opere, è fondamentale assicurarsi che ogni traccia sia correttamente registrata e che i diritti d'autore siano gestiti in modo trasparente e sicuro. Un primo passo in questo processo è la registrazione della musica presso enti preposti, come la SIAE in Italia o altri organismi internazionali, che garantiscono la protezione legale delle opere e facilitano la distribuzione delle royalties. Questo processo implica la compilazione di documenti dettagliati che attestino la paternità dell'opera, includendo informazioni sui contributi individuali, sul processo creativo e sui diritti concessi per l'utilizzo della musica. Un esempio pratico consiste nell'utilizzo di servizi online che permettono di registrare digitalmente la propria musica, offrendo una piattaforma sicura per archiviare e proteggere i file e i metadati relativi all'opera. La gestione dei diritti non si limita solo alla registrazione, ma comprende anche l'implementazione di licenze appropriate per la distribuzione e la promozione. Ad esempio, l'artista può decidere di rilasciare la propria musica sotto una licenza Creative Commons, che permette di stabilire quali diritti vengono concessi agli utenti, o optare per accordi più tradizionali che regolano la diffusione commerciale e il pagamento delle royalties. È importante inoltre monitorare l'utilizzo della propria musica online, utilizzando strumenti di Content ID o di monitoraggio digitale che individuino eventuali violazioni e ne facilitino la risoluzione. Le piattaforme di distribuzione, come Spotify e YouTube, offrono sistemi integrati per la gestione dei diritti, che consentono di collegare le opere registrate ai profili degli artisti e di automatizzare la distribuzione delle entrate derivanti dallo streaming e dalle visualizzazioni. La corretta gestione dei diritti e della proprietà intellettuale è quindi un elemento essenziale per proteggere il valore economico e creativo della propria musica, garantendo che ogni opera riceva il giusto riconoscimento e compenso. Gli artisti devono familiarizzare con le normative nazionali e internazionali e, se necessario, affidarsi a consulenti legali specializzati per definire accordi e licenze che siano in linea con le proprie esigenze. Attraverso esercizi pratici, il compositore può simulare la registrazione e la gestione dei diritti, creando un dossier completo per una canzone fittizia e analizzando i vari aspetti legali e contrattuali, in modo da acquisire una conoscenza approfondita di questo aspetto fondamentale della distribuzione musicale digitale.

8.9 Monitoraggio e analisi delle performance
Il monitoraggio e l'analisi delle performance rappresentano strumenti essenziali per comprendere l'impatto della propria musica sul mercato digitale e per adattare continuamente le strategie promozionali e di distribuzione. Le piattaforme di streaming e i social media offrono una vasta gamma di dati e metriche, come il

numero di stream, le visualizzazioni, l'engagement degli utenti, il tasso di conversione e le informazioni demografiche sugli ascoltatori, che possono essere utilizzati per valutare l'efficacia delle campagne promozionali e per identificare aree di miglioramento. Ad esempio, Spotify for Artists e Apple Music for Artists forniscono dashboard dettagliati che permettono agli artisti di analizzare in tempo reale il comportamento del pubblico, individuando quali brani stanno ottenendo il maggior numero di ascolti e in quali regioni geografiche la musica sta riscuotendo maggior successo. Questi dati sono fondamentali per definire strategie di marketing mirate e per pianificare futuri lanci musicali. Un approccio pratico consiste nell'impostare obiettivi chiari e misurabili, come aumentare del 20% il numero di stream in un determinato periodo o ottenere un incremento dell'engagement sui social media, e utilizzare i dati raccolti per verificare se questi obiettivi vengono raggiunti. La raccolta e l'analisi di queste metriche permettono di comprendere il comportamento del pubblico e di adattare il contenuto in base alle preferenze emerse. Strumenti di analisi avanzati, come Google Analytics, possono essere integrati con le piattaforme digitali per monitorare il traffico sul sito web dell'artista e per analizzare il percorso dell'utente, dall'ascolto alla conversione in follower o acquirenti. Inoltre, il monitoraggio delle performance offre la possibilità di valutare l'efficacia delle campagne di promozione sui social media e degli annunci pubblicitari, consentendo di ottimizzare il budget e di indirizzare le risorse verso le strategie più efficaci. Un esempio pratico è quello di un artista che, dopo aver lanciato un nuovo singolo, monitora quotidianamente le statistiche di ascolto e le interazioni sui social media, utilizzando questi dati per modificare il contenuto delle campagne promozionali e per personalizzare le comunicazioni con i fan. Questo processo di analisi continua diventa così un feedback prezioso che alimenta il ciclo di miglioramento e di adattamento delle strategie di distribuzione e promozione. Attraverso esercizi pratici, il compositore può simulare una campagna di monitoraggio, impostando obiettivi specifici e analizzando i dati per comprendere quali variabili incidano maggiormente sul successo del brano, in modo da sviluppare una capacità critica e operativa che diventi parte integrante del proprio workflow promozionale.

8.10 Case study di campagne promozionali di successo
I case study di campagne promozionali di successo rappresentano una fonte inestimabile di ispirazione e di conoscenza per chi desidera imparare a promuovere la propria musica su piattaforme digitali. Attraverso l'analisi di esempi reali, è possibile comprendere le strategie vincenti, le tecniche di engagement e gli approcci innovativi che hanno portato artisti emergenti e affermati a raggiungere un'ampia visibilità e un elevato livello di interazione con il pubblico. Un caso emblematico riguarda una campagna di lancio di un singolo su Spotify, in cui l'artista ha sfruttato una combinazione di playlist curate, campagne di social advertising e collaborazioni con influencer per creare un effetto virale. La strategia prevedeva la distribuzione del brano attraverso diverse piattaforme, l'ottimizzazione dei metadati e la promozione attraverso contenuti visivi accattivanti su Instagram e

TikTok, che hanno portato a un aumento significativo degli stream e a una crescita della fan base. Un altro esempio di successo è rappresentato da una campagna promozionale su YouTube, dove un artista ha lanciato un video musicale accompagnato da una serie di video dietro le quinte e interviste, creando una narrazione coinvolgente che ha stimolato la curiosità degli spettatori. Questa strategia ha permesso di ottenere un alto tasso di condivisioni e di interazioni, traducendosi in una maggiore visibilità e in una solida presenza online. I case study evidenziano l'importanza di una pianificazione accurata, della definizione di obiettivi chiari e dell'utilizzo di strumenti di analisi per monitorare le performance in tempo reale. Gli artisti che hanno implementato queste strategie hanno spesso evidenziato come il successo della campagna sia stato determinato dalla capacità di combinare contenuti di alta qualità, un'identità visiva coerente e una comunicazione costante con il pubblico. Un ulteriore aspetto da considerare riguarda le collaborazioni strategiche, che hanno permesso di amplificare il messaggio promozionale attraverso partnership con brand, media e influencer, creando un effetto di rete che ha moltiplicato la portata della campagna. Attraverso l'analisi di questi casi, il compositore può apprendere le best practice e identificare le tattiche più efficaci da adattare al proprio progetto, sviluppando una strategia promozionale che sia al passo con le tendenze del mercato digitale. Esercizi pratici, come l'analisi comparativa di campagne promozionali e la simulazione di una strategia di lancio, offrono la possibilità di mettere in pratica queste conoscenze, trasformando i dati e le esperienze altrui in strumenti utili per il successo personale. L'obiettivo è quello di creare una campagna promozionale che non solo aumenti la visibilità del brano, ma che costruisca un legame duraturo con il pubblico, utilizzando ogni canale disponibile per comunicare il valore e l'unicità della propria musica.

Esercizi di fine capitolo

1. Sviluppa una strategia di distribuzione e promozione per un tuo brano, scegliendo le piattaforme digitali più adatte (ad es. Spotify, Apple Music, YouTube) e definendo obiettivi specifici per ogni canale. Crea un piano editoriale che includa tempistiche, contenuti da pubblicare e strumenti di analisi da utilizzare per monitorare le performance.

2. Prepara un case study simulato di una campagna promozionale di successo: seleziona un brano, elabora una campagna di social media advertising e collabora con almeno un influencer o partner digitale. Documenta tutte le fasi della campagna, dai contenuti creativi alla raccolta dei dati di performance, e analizza i risultati ottenuti.

3. Utilizza strumenti di marketing digitale (come Mailchimp, Hootsuite o Google Analytics) per monitorare e analizzare le performance di una campagna promozionale reale o simulata. Redigi un report dettagliato che evidenzi quali metriche sono state più efficaci nel misurare il successo

della tua strategia e come intendi ottimizzare le attività promozionali in futuro.

Capitolo 9: Modelli di Guadagno per Artisti Indipendenti e Strategie di Monetizzazione

9.1 Introduzione ai modelli di guadagno musicali

L'evoluzione dell'industria musicale ha portato alla nascita di numerosi modelli di guadagno che offrono agli artisti indipendenti l'opportunità di monetizzare la propria musica in modo flessibile e sostenibile. Oggi, grazie alle tecnologie digitali e alle piattaforme online, l'accesso al mercato non è più riservato esclusivamente alle grandi etichette discografiche, ma è alla portata di chiunque possieda talento e determinazione. I modelli di guadagno musicali si basano su diverse strategie, tra cui la vendita diretta di tracce e album, la monetizzazione tramite streaming, le royalties derivanti dai diritti d'autore, il crowdfunding, le sponsorizzazioni e le collaborazioni commerciali. Ogni modello ha i suoi vantaggi e le sue sfide: mentre il sistema di streaming permette di raggiungere un vasto pubblico e di ricevere pagamenti basati su metriche di ascolto, la vendita di tracce digitali o album può garantire margini di profitto maggiori per ogni unità venduta, soprattutto se supportata da una strategia di marketing ben strutturata. La diversificazione delle entrate è essenziale per un artista indipendente, che spesso deve fare i conti con budget limitati e risorse contenute; in questo contesto, l'adozione di una strategia multi-canale permette di sfruttare sinergicamente le diverse fonti di guadagno. Ad esempio, un artista può pubblicare la propria musica su piattaforme di streaming come Spotify e Apple Music, per poi vendere versioni digitali e fisiche tramite il proprio sito web o servizi come Bandcamp, e al contempo lanciare campagne di crowdfunding per finanziare progetti futuri. È importante conoscere il funzionamento di ciascun modello e comprendere come gli algoritmi di distribuzione, le politiche di pagamento e le normative sui diritti d'autore incidano sulle entrate. Durante questa fase, il compositore deve anche considerare il proprio target di ascoltatori e il tipo di musica che produce, poiché generi diversi possono performare meglio su canali specifici. Un ulteriore aspetto riguarda la trasparenza nella gestione delle entrate: utilizzare strumenti di monitoraggio dei dati e piattaforme di analisi permette di avere un quadro chiaro delle performance, identificando quali strategie siano più profittevoli e dove intervenire per ottimizzare i guadagni. Attraverso esercizi di simulazione, un artista può confrontare diversi scenari di guadagno, calcolando potenziali entrate in base al numero di stream, vendite dirette e sponsorizzazioni, e sviluppare una strategia personalizzata che massimizzi il ritorno economico. Questo approccio, combinato con una costante revisione delle performance e l'aggiornamento delle conoscenze sulle normative internazionali in materia di diritti d'autore, rappresenta la chiave per trasformare il proprio talento in una fonte di reddito sostenibile nel tempo, garantendo un equilibrio tra passione creativa e gestione finanziaria.

9.2 Royalties e diritti d'autore

Le royalties e i diritti d'autore costituiscono un pilastro fondamentale per la monetizzazione della musica, in quanto garantiscono agli artisti il riconoscimento economico del loro lavoro creativo. Il sistema delle royalties si basa sulla premiazione economica ogni volta che un brano viene riprodotto o utilizzato, che si tratti di streaming, trasmissione radiofonica, sincronizzazione in film o pubblicità. Per un artista indipendente, comprendere e gestire correttamente i diritti d'autore è essenziale per assicurarsi che ogni utilizzo della propria musica venga remunerato in maniera equa. La registrazione presso enti preposti, come la SIAE in Italia o organizzazioni internazionali quali ASCAP, BMI o PRS, permette di proteggere legalmente le opere musicali, tracciando e monitorando ogni utilizzo commerciale. Questo processo richiede la compilazione di documenti dettagliati che attestino la paternità e la composizione del brano, e può coinvolgere anche collaboratori e co-autori, rendendo necessaria una chiara definizione dei ruoli e dei diritti di ciascun partecipante. Un esempio pratico riguarda un artista che decide di distribuire un singolo online: dopo aver registrato il brano, egli potrà monitorare attraverso piattaforme come Spotify o Apple Music le riproduzioni e ricevere pagamenti in base ai tassi di royalty stabiliti. Le royalties rappresentano una fonte di guadagno passivo che, se gestita correttamente, può garantire un flusso di entrate costante nel tempo, soprattutto se il brano raggiunge una larga diffusione. Tuttavia, la gestione dei diritti d'autore può essere complessa, poiché coinvolge aspetti legali e contrattuali che variano da paese a paese. Per questo motivo, è consigliabile dotarsi di strumenti di monitoraggio e, se necessario, di consulenze legali specializzate per assicurarsi che tutti i contratti e le licenze siano corretti e che le entrate vengano distribuite secondo le normative vigenti. La trasparenza nella gestione dei diritti è inoltre fondamentale per evitare controversie e garantire un corretto riconoscimento del lavoro creativo. Gli artisti indipendenti possono utilizzare piattaforme digitali che offrono servizi di Content ID per rilevare usi non autorizzati delle loro opere e proteggere il proprio copyright. Attraverso esercizi pratici, il compositore può simulare il processo di registrazione e gestione delle royalties, analizzando casi studio di artisti che hanno saputo sfruttare al meglio questo sistema e trarre vantaggio economico dalla diffusione della loro musica, apprendendo così come trasformare il proprio lavoro creativo in una fonte di reddito stabile e duratura.

9.3 Monetizzazione su piattaforme streaming
La monetizzazione su piattaforme di streaming è diventata una delle principali fonti di reddito per gli artisti indipendenti, grazie alla capacità di raggiungere un pubblico globale e alla crescente diffusione di servizi come Spotify, Apple Music, Deezer e Tidal. Queste piattaforme pagano royalties basate sul numero di stream, offrendo agli artisti la possibilità di guadagnare in maniera continuativa, ogni volta che la loro musica viene ascoltata. Il sistema di monetizzazione su streaming si basa su algoritmi complessi che considerano fattori come il numero di ascoltatori, il tempo di riproduzione e la provenienza geografica degli utenti. Per sfruttare al meglio questo modello, è fondamentale che l'artista ottimizzi la qualità del contenuto, il posizionamento e le strategie di promozione. Un esempio pratico consiste nell'utilizzare strumenti di analisi offerti dalle piattaforme, come Spotify

for Artists, che forniscono dati dettagliati sulle performance del brano, consentendo di comprendere quali canzoni generano maggiori ascolti e in quali regioni. Questi dati possono essere utilizzati per adattare le strategie promozionali, come la creazione di playlist personalizzate o campagne di social media advertising mirate, che aumentino la visibilità del brano e, di conseguenza, il numero di stream. Inoltre, la qualità del brano masterizzato è cruciale: un audio ottimizzato, ben mixato e masterizzato, garantisce che la traccia sia competitiva e piacevole su qualsiasi dispositivo, migliorando così l'esperienza dell'ascoltatore e incrementando le possibilità di riproduzione. È consigliabile che l'artista investa tempo e risorse in una fase di post-produzione accurata, in modo da assicurare che ogni traccia raggiunga standard elevati. La distribuzione del brano deve essere accompagnata da una strategia di marketing digitale che sfrutti le funzionalità di promozione integrate nelle piattaforme di streaming, come la possibilità di essere inseriti in playlist curate o di ottenere raccomandazioni personalizzate. Un ulteriore aspetto riguarda il networking e la collaborazione con altri artisti e curatori di playlist, che possono amplificare la portata del brano e contribuire a un maggior numero di riproduzioni. Gli artisti possono anche partecipare a eventi e collaborazioni che incrementano la propria visibilità, facendo leva su partnership strategiche che favoriscano la diffusione del loro lavoro. Attraverso esercizi pratici, il compositore può simulare una campagna di promozione su una piattaforma di streaming, analizzando i dati di performance e sviluppando un piano d'azione per incrementare il numero di stream, in modo da trasformare la monetizzazione digitale in una fonte di guadagno consistente e sostenibile.

9.4 Vendita di tracce e album digitali

La vendita di tracce e album digitali rappresenta un'altra importante via di monetizzazione per gli artisti indipendenti, che consente di ottenere guadagni diretti dalla vendita dei propri contenuti musicali. Questo modello, diverso dalle royalties dello streaming, si basa sul principio che ogni download o acquisto di un brano o album generi un pagamento fisso, il che può tradursi in margini di profitto maggiori per ogni unità venduta. Piattaforme come Bandcamp, iTunes e Amazon Music offrono agli artisti la possibilità di vendere direttamente la propria musica, spesso con opzioni di prezzo flessibili e la possibilità di offrire contenuti aggiuntivi come versioni speciali, merchandise o pacchetti bundle. Un esempio pratico potrebbe essere la pubblicazione di un album in edizione limitata su Bandcamp, dove l'artista stabilisce un prezzo fisso per ogni download e offre bonus esclusivi per gli acquirenti, come file audio in alta risoluzione, artwork digitale o accesso a eventi privati online. Questo tipo di strategia permette di creare un senso di esclusività e di valore aggiunto, incentivando gli ascoltatori a sostenere direttamente l'artista. La vendita diretta dei contenuti digitali richiede anche una solida presenza online e una buona strategia di comunicazione, in quanto l'artista deve essere in grado di indirizzare il proprio pubblico verso il proprio sito o la piattaforma scelta. La costruzione di una mailing list e l'utilizzo di campagne di email marketing possono essere strumenti efficaci per informare i fan dell'uscita di nuovi brani o album e per offrire promozioni temporanee. Un ulteriore aspetto riguarda la gestione dei metadati e dei file digitali: è importante assicurarsi che ogni traccia sia correttamente formattata e che i diritti d'autore siano associati in maniera accurata, per garantire una vendita trasparente e il corretto incasso delle entrate.

Gli artisti devono anche valutare le percentuali trattenute dalle piattaforme e, se possibile, negoziare condizioni vantaggiose che permettano di massimizzare il profitto per ogni unità venduta. Attraverso esercizi pratici, il compositore può simulare la vendita di un album digitale, definendo il prezzo, impostando un piano di promozione e analizzando le potenziali entrate in base a diverse proiezioni di vendita. Questa attività permette di comprendere come la vendita diretta possa integrarsi con altre strategie di monetizzazione, creando un flusso di reddito diversificato e più stabile nel tempo, e di sviluppare una strategia di pricing che tenga conto del valore percepito dal pubblico e della concorrenza nel mercato digitale.

9.5 Sponsorizzazioni e collaborazioni commerciali

Le sponsorizzazioni e le collaborazioni commerciali rappresentano opportunità preziose per gli artisti indipendenti, poiché permettono di generare entrate aggiuntive e di ampliare la propria visibilità attraverso partnership strategiche. Questo modello di guadagno si basa sulla capacità di instaurare relazioni con brand, aziende e altre realtà del settore musicale, che riconoscono il valore del lavoro creativo e sono disposte a investire per associarsi a contenuti di qualità. Un esempio pratico è rappresentato da un artista che, grazie alla propria presenza online e al seguito di fan fidelizzati, viene contattato da un marchio di strumenti musicali o da un'azienda di abbigliamento per una collaborazione che prevede l'inserimento di un prodotto in un video musicale o la partecipazione a eventi promozionali. Tali accordi non solo generano entrate dirette sotto forma di compensi o commissioni, ma contribuiscono anche a rafforzare il brand personale, associando l'immagine dell'artista a quella di aziende affermate. Per massimizzare il potenziale delle sponsorizzazioni, è fondamentale che l'artista sviluppi una strategia di comunicazione coerente e trasparente, che evidenzi il valore unico della propria musica e la capacità di raggiungere un pubblico specifico. La costruzione di un media kit professionale, contenente informazioni sul profilo dell'artista, statistiche sulle performance online, esempi di progetti passati e referenze, è uno strumento essenziale per attirare l'attenzione di potenziali sponsor. Inoltre, le collaborazioni commerciali possono includere accordi di co-branding, in cui il marchio e l'artista lavorano insieme per creare contenuti esclusivi, come edizioni limitate di album, merchandise personalizzato o video promozionali. Un ulteriore esempio pratico riguarda la partecipazione a campagne pubblicitarie online, dove l'artista viene scelto come testimonial per promuovere un prodotto, sfruttando il proprio seguito e l'engagement sui social media per aumentare la visibilità sia del brand che della propria musica. La chiave del successo in questo ambito risiede nella capacità di negoziare accordi che siano vantaggiosi per entrambe le parti, definendo chiaramente i termini, gli obiettivi e le modalità di remunerazione. Attraverso esercizi pratici, il compositore può simulare una trattativa di sponsorizzazione, elaborando un media kit, definendo un'offerta commerciale e analizzando potenziali scenari di guadagno, in modo da acquisire competenze negoziali e strategiche fondamentali per operare nel mercato delle collaborazioni commerciali.

9.6 Utilizzo di crowdfunding e fan patronage

L'utilizzo di crowdfunding e fan patronage rappresenta una strategia innovativa per gli artisti indipendenti che desiderano finanziare i propri progetti in modo diretto, coinvolgendo il proprio pubblico nel processo creativo e garantendo un sostegno economico costante. Attraverso piattaforme di crowdfunding come Kickstarter, Indiegogo o Patreon, gli artisti possono presentare i propri progetti, spiegare il concetto creativo e offrire ricompense esclusive ai sostenitori, che vanno dalla copia digitale o fisica dell'album a contenuti esclusivi, sessioni di Q&A, merchandise personalizzato o persino incontri dal vivo.

Un esempio pratico consiste nella creazione di una campagna di crowdfunding per finanziare la registrazione e la distribuzione di un nuovo album: l'artista prepara una presentazione dettagliata del progetto, evidenziando le influenze, la visione artistica e gli obiettivi, e definisce diverse fasce di contributo che offrono ricompense graduali. Questo approccio non solo permette di raccogliere fondi necessari per coprire le spese di produzione, ma crea anche un legame diretto e personale con i fan, che diventano parte integrante del percorso creativo. La piattaforma Patreon, in particolare, consente di stabilire un sistema di abbonamento mensile, dove i fan possono sostenere l'artista in modo continuativo, ricevendo in cambio contenuti esclusivi, aggiornamenti in anteprima e accesso privilegiato a eventi e sessioni live. Questo modello di fan patronage trasforma il rapporto artista-fan in una partnership duratura, basata sul valore condiviso e sulla partecipazione attiva al processo creativo. È fondamentale per l'artista curare la comunicazione con i sostenitori, mantenendo trasparenza e regolarità negli aggiornamenti, in modo da rafforzare la fiducia e garantire il successo della campagna. Strumenti di gestione e monitoraggio delle campagne di crowdfunding permettono di analizzare i progressi e di adattare le strategie promozionali in base ai feedback ricevuti, assicurando che gli obiettivi finanziari vengano raggiunti e che la community resti coinvolta. Attraverso esercizi pratici, il compositore può progettare una campagna di crowdfunding simulata, definendo gli obiettivi, le ricompense e le strategie di comunicazione, e poi analizzare i possibili scenari di successo in base a variabili come il numero di sostenitori e l'entità dei contributi, in modo da acquisire competenze essenziali per finanziare i propri progetti in maniera indipendente.

9.7 Strategie di pricing e bundle musicali

Le strategie di pricing e la creazione di bundle musicali rappresentano strumenti strategici che consentono agli artisti di massimizzare le proprie entrate e di offrire un valore aggiunto ai propri fan. La definizione del prezzo per tracce singole, album digitali o fisici, e persino per pacchetti promozionali, deve tenere conto di numerosi fattori, quali la qualità del prodotto, il target di mercato, la concorrenza e il valore percepito dal pubblico. Un approccio efficace consiste nel condurre una ricerca di mercato approfondita, analizzando i prezzi praticati da artisti simili e valutando le tendenze del settore. Ad esempio, un artista emergente potrebbe decidere di offrire i propri brani a un prezzo più accessibile per incentivare l'acquisto da parte di un pubblico più vasto, mentre per edizioni limitate o versioni speciali si può applicare un prezzo maggiorato. La creazione di bundle musicali, ovvero pacchetti che includono più tracce, album, merchandise o contenuti esclusivi, rappresenta un'altra strategia per aumentare il valore medio per transazione e fidelizzare i fan. Un esempio pratico è rappresentato dalla vendita di un pacchetto che comprende l'album completo, una versione acustica di alcune tracce, artwork in edizione limitata e l'accesso a un live streaming esclusivo. Questa offerta, oltre a garantire un guadagno maggiore per ogni vendita, crea un'esperienza completa per l'ascoltatore, che percepisce un valore aggiunto e un senso di esclusività. L'analisi dei dati di vendita e il monitoraggio delle reazioni del pubblico sono strumenti indispensabili per adeguare continuamente la strategia di pricing. Attraverso piattaforme di e-commerce come Bandcamp o il proprio sito web, l'artista può testare differenti fasce di prezzo e bundle, raccogliendo feedback e osservando le performance in tempo reale. È consigliabile anche offrire promozioni temporanee, sconti o accessi anticipati per incentivare l'acquisto in momenti strategici, come il lancio di un nuovo album o l'anniversario di un progetto importante. La capacità di definire prezzi competitivi e di strutturare bundle musicali che siano attraenti per il pubblico richiede un'attenta analisi dei costi di produzione, delle spese di distribuzione e del valore aggiunto percepito dagli ascoltatori. Gli artisti devono imparare a bilanciare la necessità di guadagnare con l'obiettivo di costruire una fan base fedele e in crescita. Attraverso esercizi pratici, il compositore può simulare diverse strategie di pricing, elaborare proiezioni di vendita e testare l'efficacia di vari bundle musicali, registrando i risultati e apportando modifiche per ottimizzare la redditività, trasformando la gestione dei prezzi in un elemento dinamico e strategico del proprio business musicale.

9.8 Ottimizzare le entrate con l'analisi dei dati

Ottimizzare le entrate con l'analisi dei dati è un processo fondamentale per gli artisti indipendenti che desiderano trasformare la propria musica in una fonte di guadagno sostenibile e in costante crescita. Le piattaforme digitali offrono una miriade di metriche, che spaziano dal numero di stream alle vendite dirette, passando per l'engagement sui social media e il tasso di conversione degli annunci pubblicitari. Utilizzare questi dati in maniera strategica consente di individuare le aree di successo e quelle che necessitano di miglioramenti, permettendo all'artista di prendere decisioni informate su come allocare le risorse e ottimizzare le proprie strategie di monetizzazione. Un esempio pratico consiste nell'analizzare i dati forniti da Spotify for Artists o Apple Music for Artists, che indicano quali brani hanno raggiunto il maggior numero di ascolti, in quale periodo e in quali regioni. Queste informazioni possono essere utilizzate per pianificare campagne promozionali mirate e per identificare i mercati più promettenti. Inoltre, piattaforme di analisi come Google Analytics possono essere integrate con il sito web dell'artista per monitorare il traffico, le interazioni e le conversioni, offrendo un quadro completo del comportamento degli utenti. La capacità di interpretare questi dati e di adattare la propria strategia di pricing, di promozione e di distribuzione diventa così un'arma potente per aumentare le entrate. Il monitoraggio continuo delle performance consente anche di valutare l'efficacia delle collaborazioni e delle sponsorizzazioni, identificando quali accordi commerciali generino il maggior ritorno economico. Un ulteriore esempio pratico riguarda l'utilizzo di dashboard personalizzate per tracciare il rendimento delle campagne di marketing digitale, con report che evidenziano metriche chiave come il costo per acquisizione, il tasso di conversione e il ritorno sull'investimento. Questi strumenti permettono di effettuare aggiustamenti in tempo reale e di ottimizzare il budget promozionale, assicurando che ogni euro speso contribuisca a incrementare le entrate. Attraverso esercizi pratici, l'artista può simulare scenari differenti, analizzare i dati raccolti e sviluppare modelli predittivi che anticipino le performance future, trasformando l'analisi dei dati in un processo strategico che alimenta il ciclo di miglioramento continuo. Questo approccio, basato su una gestione dinamica e data-driven del business musicale, consente di massimizzare il potenziale di guadagno e di adattarsi rapidamente alle tendenze di mercato, garantendo un flusso di entrate costante e in crescita nel tempo.

9.9 Consigli per la gestione finanziaria da artista

Gestire la propria finanza in modo oculato è una competenza essenziale per ogni artista indipendente, soprattutto in un contesto in cui le entrate possono derivare da diverse fonti, come streaming, vendite dirette, sponsorizzazioni e crowdfunding. La gestione finanziaria efficace non si limita alla registrazione delle entrate e delle uscite, ma richiede una pianificazione strategica che tenga conto delle fluttuazioni del mercato, degli investimenti necessari per la promozione e della necessità di risparmiare per progetti futuri. Un primo consiglio per gli artisti è quello di stabilire un budget dettagliato, che includa tutte le spese legate alla produzione musicale, come il costo degli strumenti, dei software di editing, dei servizi di mastering e delle campagne promozionali, e di monitorare costantemente i flussi di cassa attraverso strumenti di contabilità digitale. È utile anche separare le finanze personali da quelle professionali, aprendo un conto bancario dedicato al business musicale, in modo da avere una visione chiara e trasparente dei guadagni e delle spese. Un esempio pratico può essere rappresentato dall'uso di software di gestione finanziaria come QuickBooks o Wave, che consentono di registrare le entrate derivanti dalle royalties, dalle vendite digitali e dalle sponsorizzazioni, e di generare report mensili per valutare la salute finanziaria del progetto artistico. La gestione finanziaria da artista comprende anche la pianificazione degli investimenti, come la partecipazione a corsi di formazione, l'acquisto di attrezzature aggiornate o la realizzazione di campagne di marketing digitale, che possono aumentare la visibilità e, di conseguenza, le entrate a lungo termine. Inoltre, è importante considerare il regime fiscale e le normative vigenti, eventualmente consultando un consulente finanziario o un commercialista specializzato nel settore musicale, per assicurarsi di adempiere a tutti gli obblighi fiscali e di sfruttare eventuali agevolazioni o incentivi disponibili per gli artisti indipendenti. Un ulteriore aspetto riguarda la diversificazione delle fonti di reddito: affidarsi esclusivamente a uno o due canali di monetizzazione può essere rischioso, mentre un portafoglio diversificato, che includa streaming, vendite dirette, sponsorizzazioni, merchandising e crowdfunding, garantisce una maggiore stabilità finanziaria. Attraverso esercizi pratici, l'artista può sviluppare un piano finanziario a breve e lungo termine, definendo obiettivi di guadagno, allocando un budget per le diverse attività promozionali e monitorando costantemente i risultati, in modo da adattare la strategia in base alle performance e alle esigenze del mercato. La gestione finanziaria da artista non è solo una questione di numeri, ma anche di pianificazione strategica e di capacità di investire nel proprio futuro creativo, trasformando ogni investimento in una leva per il successo e la sostenibilità del percorso artistico.

9.10 Futuro della monetizzazione nell'era dell'AI

Il futuro della monetizzazione musicale nell'era dell'intelligenza artificiale si prospetta ricco di opportunità e innovazioni, grazie alla continua evoluzione delle tecnologie digitali e alla capacità di integrare strumenti avanzati per la distribuzione, il marketing e l'analisi dei dati. L'AI sta già trasformando il modo in cui la musica viene prodotta e promossa, e questo trend si estenderà anche al modello di monetizzazione, offrendo agli artisti indipendenti nuovi canali per generare entrate in maniera più efficiente e personalizzata. Tra le prospettive più promettenti vi è l'adozione di sistemi di intelligenza artificiale che, attraverso l'analisi predittiva e il machine learning, sono in grado di ottimizzare il pricing, personalizzare le offerte per i fan e prevedere le tendenze del mercato, consentendo agli artisti di prendere decisioni informate e di adattare le proprie strategie in tempo reale. Ad esempio, piattaforme di streaming potrebbero utilizzare algoritmi avanzati per offrire agli artisti report dettagliati che indicano il momento migliore per lanciare un nuovo brano o per aumentare il budget promozionale in base alla domanda del mercato. Inoltre, l'integrazione dell'AI nei sistemi di crowdfunding e di fan patronage potrebbe automatizzare la gestione delle campagne di finanziamento, semplificando la comunicazione con i sostenitori e garantendo una distribuzione più efficiente delle entrate. Un'altra area di innovazione riguarda la blockchain, che promette di rivoluzionare il modo in cui vengono gestiti i diritti d'autore e distribuite le royalties, offrendo una piattaforma trasparente e decentralizzata che garantisca una distribuzione equa e immediata dei guadagni. Le collaborazioni tra artisti, tecnologi e istituzioni finanziarie stanno già lavorando su progetti pilota che integrano la blockchain nel sistema di monetizzazione musicale, aprendo la strada a modelli di business più equi e trasparenti. In questo scenario, il futuro della monetizzazione nell'era dell'AI sarà caratterizzato da una maggiore interconnessione tra produzione, distribuzione e analisi dei dati, con l'obiettivo di creare un ecosistema in cui ogni elemento del processo creativo contribuisca in modo sinergico al successo economico dell'artista. Gli artisti indipendenti, in particolare, avranno l'opportunità di sfruttare queste tecnologie per abbattere le barriere tradizionali e costruire modelli di guadagno più flessibili e personalizzati, che riflettano non solo la qualità della musica, ma anche l'engagement e la fedeltà della loro fan base. Attraverso esercizi pratici, il compositore può simulare scenari futuri di monetizzazione, elaborando proiezioni basate sui dati attuali e sperimentando con diverse strategie di pricing, distribuzione e promozione, in modo da prepararsi alle evoluzioni del mercato e ad adattare il proprio modello di business alle nuove tecnologie e tendenze emergenti. Questo approccio proattivo e data-driven rappresenta la chiave per trasformare la passione artistica in un'attività economicamente sostenibile, sfruttando al massimo le potenzialità offerte dall'intelligenza artificiale e dalle tecnologie digitali per creare un futuro di successo nel mondo della musica.

Esercizi di fine capitolo

1. Elabora un modello di monetizzazione per la tua musica, analizzando diverse fonti di guadagno come streaming, vendite dirette, sponsorizzazioni e crowdfunding. Redigi un piano che includa obiettivi finanziari, strategie di pricing e strumenti di analisi dei dati per monitorare le performance.

2. Simula la gestione dei diritti d'autore per un progetto musicale: crea un dossier dettagliato che includa la registrazione dei brani, la definizione delle percentuali di royalties per ogni collaboratore e l'utilizzo di strumenti di Content ID per il monitoraggio dei diritti online.

3. Prepara una presentazione che confronti diversi modelli di guadagno utilizzati da artisti indipendenti, includendo casi di successo e strategie di monetizzazione innovative. Spiega come intendi applicare queste strategie al tuo percorso artistico e come utilizzerai i dati per ottimizzare le entrate nel tempo.

Capitolo 10: Conclusioni, Prospettive Future e Consigli Pratici per il Successo

10.1 Riepilogo dei principali concetti trattati

Il percorso esplorato in questa guida ha coperto un ventaglio ampio di argomenti, che spaziano dalla rivoluzione dell'intelligenza artificiale applicata alla musica fino alle strategie pratiche per la creazione, distribuzione e monetizzazione delle opere musicali. Abbiamo iniziato esaminando le origini dell'AI nella composizione, analizzando come pionieri e ricerche accademiche abbiano aperto la strada a strumenti moderni come SunoAI e ChatGPT, che oggi offrono agli artisti la possibilità di generare musica e testi partendo da semplici prompt. Durante il percorso, è stato sottolineato come la sinergia tra creatività umana e capacità algoritmica permetta di superare i limiti tradizionali della produzione musicale, offrendo nuove modalità di espressione e una maggiore flessibilità nella sperimentazione. È emerso il valore fondamentale di una pianificazione accurata e di un brainstorming iniziale, che consente di definire temi, strutture e mood, e di trasformare idee astratte in progetti musicali concreti e ben strutturati. La guida ha illustrato in dettaglio come strutturare un brano suddividendolo in introduzione, strofe, ritornello, ponte e coda, e come utilizzare tecniche di arrangiamento musicale per creare transizioni fluide, variazioni tematiche e motivi ricorrenti che rafforzino il messaggio e la coerenza della composizione. Abbiamo approfondito il workflow collaborativo tra ChatGPT e SunoAI, evidenziando come l'interazione iterativa tra generazione automatica e intervento creativo umano consenta di ottenere risultati unici, dove ogni sezione del brano è curata nei minimi dettagli grazie a tecniche di editing, sincronizzazione e post-produzione. La guida ha inoltre analizzato le strategie per pubblicare e promuovere la musica su piattaforme digitali, illustrando le linee guida per Spotify, Apple Music e YouTube, e fornendo suggerimenti su come creare campagne di marketing digitale efficaci e collaborazioni promozionali che amplifichino la visibilità dell'artista. Infine, abbiamo discusso i modelli di guadagno e le strategie di monetizzazione, affrontando aspetti quali royalties, diritti d'autore, sponsorizzazioni, vendita di album digitali e crowdfunding, e spiegando come l'analisi dei dati e una gestione finanziaria oculata siano essenziali per trasformare il talento in un flusso di reddito sostenibile. In questo riepilogo, emerge come la fusione tra innovazione tecnologica e creatività artistica sia alla base del successo nell'era digitale, e come ogni fase del processo, dalla generazione del contenuto alla distribuzione, richieda un approccio attento e integrato, in cui il feedback continuo e la sperimentazione sono strumenti indispensabili per affinare il prodotto finale. L'insieme di questi concetti offre una panoramica completa su come l'AI stia trasformando la musica e fornisce agli artisti indipendenti le chiavi per navigare con successo in un panorama in continua evoluzione.

10.2 Vantaggi e potenzialità dell'AI nella musica
L'intelligenza artificiale ha rivoluzionato il modo di creare musica, offrendo vantaggi che vanno ben oltre l'efficienza

produttiva; essa apre nuove frontiere di espressione artistica e consente una democratizzazione del processo creativo, rendendo accessibili tecnologie un tempo riservate a pochi professionisti. I sistemi AI, come SunoAI e ChatGPT, sono in grado di analizzare grandi quantità di dati musicali e testuali, apprendere modelli armonici e ritmici, e trasformare input semplici in opere complesse e articolate. Questo permette agli artisti di superare il blocco creativo e di sperimentare con nuove idee senza doversi limitare dalle convenzioni tradizionali. Le potenzialità dell'AI si manifestano anche nella capacità di personalizzare il prodotto finale: ogni parametro può essere modificato per adattarsi alle specifiche esigenze espressive, consentendo una personalizzazione che rende ogni composizione unica. Inoltre, l'AI supporta un approccio collaborativo, dove il dialogo tra l'algoritmo e l'artista crea un ciclo iterativo di feedback che porta a miglioramenti costanti, permettendo di affinare sia il testo che la parte musicale. Le tecnologie digitali integrate in queste piattaforme offrono strumenti di editing, mixaggio e mastering che assicurano una qualità audio elevata e una distribuzione professionale. Oltre a questi aspetti tecnici, l'AI favorisce una maggiore interazione con il pubblico, grazie alla possibilità di monitorare in tempo reale le performance e di adattare le strategie promozionali basate sui dati. Le piattaforme di streaming e i social media forniscono informazioni preziose che permettono agli artisti di capire le preferenze degli ascoltatori, ottimizzare le campagne di marketing e costruire una community di fan attivi e fidelizzati. Un altro vantaggio significativo riguarda la rapidità con cui si possono generare nuove idee: ciò consente agli artisti di essere sempre all'avanguardia, di sperimentare nuovi generi e di innovare continuamente, mantenendo una competitività che è essenziale nell'industria musicale odierna. Le potenzialità dell'AI nella musica, quindi, non si limitano a un aumento della produttività, ma includono una trasformazione radicale del processo creativo, che si traduce in opere d'arte capaci di coniugare tradizione e innovazione. Attraverso esempi pratici e sessioni di sperimentazione, gli artisti possono imparare a sfruttare questi vantaggi per espandere il proprio linguaggio musicale, trasformando ogni traccia in un'esperienza unica e personalizzata, e contribuendo a ridefinire il panorama musicale del futuro.

10.3 Lezioni apprese durante il percorso creativo

Durante il percorso esplorato in questa guida, sono emerse numerose lezioni che hanno evidenziato l'importanza della sperimentazione, della pianificazione e del feedback iterativo nel processo creativo. Una delle lezioni fondamentali riguarda la necessità di definire chiaramente gli obiettivi e i temi fin dall'inizio, utilizzando tecniche di brainstorming e mappe mentali per organizzare le idee e dare una direzione precisa al progetto. È stato osservato che una buona pianificazione non solo aiuta a strutturare il brano in maniera coerente, ma facilita anche l'integrazione tra il testo e la musica, creando una sinergia che potenzia il messaggio emotivo complessivo. Un'altra lezione importante è la centralità della personalizzazione: ogni artista deve imparare a utilizzare gli strumenti AI come SunoAI e ChatGPT non come sostituti della creatività, ma come potenti alleati che offrono spunti e possibilità di variazione, lasciando spazio all'intervento umano per perfezionare e personalizzare il prodotto finale.

L'esperienza ha dimostrato che la revisione iterativa e il feedback, sia interno che esterno, sono elementi essenziali per migliorare la qualità del brano; ascoltare criticamente le proprie composizioni e confrontarsi con colleghi o fan permette di identificare aree di miglioramento e di apportare modifiche che rendano la canzone più forte e coinvolgente. Inoltre, il percorso creativo ha insegnato l'importanza di rimanere flessibili e di adattarsi alle nuove tecnologie e tendenze, sfruttando i dati e gli strumenti di analisi per ottimizzare le strategie promozionali e di distribuzione. Le lezioni apprese includono anche la gestione dei diritti d'autore e delle royalties, aspetti cruciali per la monetizzazione della musica, e la necessità di pianificare una strategia di marketing digitale che integri social media, email marketing e collaborazioni strategiche. Ogni fase del processo, dalla generazione dei contenuti alla finalizzazione e pubblicazione, ha contribuito a formare un quadro complessivo in cui l'innovazione tecnologica si sposa con la creatività personale, offrendo strumenti pratici per trasformare un'idea in un prodotto artistico di successo. Attraverso esercizi pratici e simulazioni, gli artisti hanno potuto sperimentare con diversi modelli e strategie, apprendendo come bilanciare l'efficienza dell'AI con la sensibilità artistica, e come utilizzare ogni risorsa disponibile per affinare il proprio stile e raggiungere un pubblico più ampio.

10.4 Consigli per superare le sfide iniziali
Superare le sfide iniziali nel percorso creativo è una tappa

fondamentale per ogni artista indipendente, soprattutto quando si affrontano nuove tecnologie e metodologie che richiedono un cambiamento di paradigma. Uno dei consigli più importanti è quello di iniziare con un approccio sperimentale e di non avere paura di commettere errori: il processo creativo è iterativo, e ogni tentativo, anche se imperfetto, offre spunti preziosi per migliorare. Utilizzare strumenti di brainstorming e sessioni di scrittura libera può aiutare a superare il blocco iniziale e a generare una base solida su cui costruire. È utile anche impostare obiettivi realistici e suddividere il progetto in fasi gestibili, in modo da concentrarsi su un singolo aspetto alla volta, che si tratti della scrittura del testo, della generazione della melodia o dell'arrangiamento della canzone. Un altro consiglio pratico riguarda la ricerca di ispirazione attraverso il confronto con altri artisti e la partecipazione a community creative, dove si possono condividere esperienze e ricevere feedback costruttivi. Questo confronto non solo fornisce nuove idee, ma aiuta anche a comprendere che le difficoltà iniziali sono una parte naturale del processo e che il supporto di una rete di collaboratori può fare la differenza. La gestione del tempo è altrettanto importante: stabilire una routine di lavoro, dedicando periodi specifici alla sperimentazione e alla revisione, può contribuire a mantenere alta la motivazione e a evitare l'accumulo di stress. Utilizzare strumenti digitali per organizzare il lavoro, come app di project management o di note, consente di tenere traccia dei progressi e di pianificare le fasi successive in maniera efficiente. Infine, è fondamentale mantenere una mentalità aperta e flessibile, accogliendo le nuove tecnologie come opportunità di crescita e innovazione, piuttosto che come ostacoli.

Adottare un approccio data-driven, che prevede il monitoraggio costante dei risultati e l'analisi delle metriche di performance, permette di adattare le strategie in base ai feedback e di perfezionare il proprio metodo creativo. Questi consigli, se applicati con costanza e determinazione, possono aiutare a superare le sfide iniziali e a costruire una solida base per un percorso artistico di successo, in cui l'innovazione tecnologica diventa un alleato prezioso per esprimere al meglio la propria visione creativa.

10.5 Strategie per mantenersi aggiornati sulle innovazioni

Mantenersi aggiornati sulle innovazioni tecnologiche e sulle tendenze del settore musicale è essenziale per un artista che vuole rimanere competitivo e sfruttare al massimo le potenzialità dell'intelligenza artificiale. Il panorama digitale è in continua evoluzione e ogni giorno vengono introdotti nuovi strumenti, software e metodologie che possono trasformare il modo di creare, distribuire e monetizzare la musica. Una strategia efficace consiste nel dedicare del tempo quotidiano o settimanale alla lettura di blog specializzati, riviste di settore, forum e newsletter che trattano di tecnologia musicale e di innovazioni AI. Ad esempio, seguire canali YouTube dedicati alle tecnologie creative o partecipare a webinar e workshop online organizzati da esperti del settore può fornire aggiornamenti costanti e approfondimenti su come le nuove soluzioni possano essere integrate nel proprio workflow. Un altro approccio è quello di unirsi a community online e gruppi di discussione, dove artisti e tecnologi condividono esperienze, best practice e novità, offrendo un ambiente dinamico e interattivo in cui è possibile imparare e confrontarsi. L'utilizzo di piattaforme come Reddit, Discord o Slack può facilitare questo tipo di interazione, fornendo spazi virtuali per scambiare idee e ricevere feedback in tempo reale. Inoltre, partecipare a conferenze e fiere del settore, anche in modalità virtuale, permette di entrare in contatto con le ultime novità e di stabilire contatti preziosi per future collaborazioni. Un ulteriore strumento utile è l'uso di software di monitoraggio delle notizie, che avvertono l'utente ogni volta che vengono pubblicati aggiornamenti rilevanti nel campo della musica e dell'AI. Queste strategie non solo consentono di rimanere aggiornati, ma aiutano anche a identificare quali innovazioni possono avere un impatto diretto sul proprio processo creativo e su come adattarsi rapidamente ai cambiamenti del mercato. L'integrazione di questi strumenti e metodologie nella routine quotidiana diventa così una parte fondamentale del percorso artistico, che permette di evolversi insieme alle tecnologie e di sfruttare le opportunità emergenti per migliorare la qualità e l'efficacia delle proprie produzioni musicali. Attraverso esercizi pratici, l'artista può simulare l'implementazione di una strategia di aggiornamento continuo, stabilendo un calendario di lettura, partecipazione a eventi e monitoraggio delle fonti informative, in modo da trasformare l'apprendimento in un processo strutturato e costante, che alimenta il proprio sviluppo professionale e creativo.

10.6 Come costruire e fidelizzare il proprio pubblico

Costruire e fidelizzare il proprio pubblico è un elemento cruciale per il successo a lungo termine nel mondo della musica, in particolare per gli artisti indipendenti che devono competere in un mercato estremamente dinamico e competitivo. Creare una fan base solida richiede un approccio olistico che integri non solo la qualità del prodotto musicale, ma anche la capacità di comunicare in modo autentico e interattivo con gli ascoltatori. Un primo passo fondamentale è definire l'identità artistica e il messaggio che si intende trasmettere attraverso la propria musica. Questo processo inizia dalla creazione di contenuti coerenti e riconoscibili, che possano essere diffusi attraverso piattaforme digitali, social media e canali di comunicazione diretta. L'uso costante di strumenti di promozione online, come newsletter, blog e video, permette di stabilire un contatto diretto con i fan, offrendo loro contenuti esclusivi, aggiornamenti sul processo creativo e dietro le quinte che creino un senso di appartenenza e connessione emotiva. Ad esempio, un artista può pubblicare regolarmente vlog, interviste e sessioni live, in cui racconta la propria esperienza e coinvolge attivamente il pubblico, rispondendo a domande e raccogliendo feedback. Questo tipo di interazione rafforza il legame emotivo e trasforma i fan in veri e propri ambasciatori del brand musicale. Un altro aspetto fondamentale è la costruzione di una community online attraverso piattaforme social, dove l'artista può creare gruppi di discussione, pagine dedicate e utilizzare hashtag specifici per facilitare la condivisione e la partecipazione. L'uso di strategie di content marketing, come la pubblicazione di storie di successo, testimonianze dei fan e collaborazioni con influencer, può ulteriormente ampliare la portata e la fidelizzazione del pubblico. La trasparenza e la coerenza sono chiavi per mantenere il supporto degli ascoltatori: l'artista deve comunicare in modo autentico, mostrando la propria personalità e condividendo momenti significativi del percorso creativo.

Inoltre, è importante utilizzare strumenti di analisi dei dati per monitorare il comportamento del pubblico, comprendere le preferenze e adattare la strategia comunicativa di conseguenza. Ad esempio, analizzando i dati di engagement su Instagram o il tasso di apertura delle newsletter, l'artista può identificare quali contenuti siano più apprezzati e quali strategie di interazione generino il maggior coinvolgimento. Attraverso esercizi pratici, il compositore può sviluppare un piano di fidelizzazione che includa la creazione di una mailing list, la pianificazione di eventi online e la partecipazione a collaborazioni strategiche, documentando i risultati e adattando la strategia in base ai feedback ricevuti. Questo processo di costruzione e fidelizzazione del pubblico non solo aumenta la visibilità e le entrate, ma crea una base solida per una carriera musicale duratura, in cui il rapporto con gli ascoltatori diventa un pilastro fondamentale del successo artistico.

10.7 L'importanza della sperimentazione continua
La sperimentazione continua è il motore che guida l'evoluzione creativa nel mondo della musica, e rappresenta un principio fondamentale per ogni artista che desidera innovare e rimanere al passo con i cambiamenti del mercato. L'adozione di tecnologie come l'intelligenza

artificiale offre agli artisti strumenti inediti che permettono di esplorare nuovi generi, tecniche di arrangiamento e modalità espressive, favorendo una crescita costante e un arricchimento del proprio linguaggio musicale. La sperimentazione non deve essere vista come un rischio, ma come un'opportunità per scoprire combinazioni uniche e per sfidare i limiti della creatività. Un esempio pratico è rappresentato dalla possibilità di utilizzare SunoAI e ChatGPT in maniera interattiva, generando versioni multiple di un brano e analizzando le differenze, per poi combinare gli elementi migliori e creare un prodotto finale che unisca tradizione e innovazione. L'approccio sperimentale richiede una mentalità aperta e la volontà di uscire dalla propria zona di comfort, provando nuove tecniche, nuovi strumenti e persino nuovi generi musicali. Ogni esperimento, anche se non produce immediatamente il successo desiderato, fornisce spunti preziosi che possono essere utilizzati per migliorare e perfezionare il processo creativo. La sperimentazione si estende anche alla promozione e alla distribuzione: provare diverse strategie di marketing, testare nuovi canali di comunicazione e analizzare i feedback del pubblico sono tutte attività che contribuiscono a un continuo processo di apprendimento e adattamento. L'importanza della sperimentazione continua si riflette anche nella capacità di adattarsi alle evoluzioni tecnologiche e alle tendenze emergenti, sfruttando le novità per rinnovare il proprio stile e per offrire sempre contenuti freschi e originali. Attraverso esercizi pratici, l'artista può dedicare periodi specifici al "laboratorio creativo", durante i quali sperimentare con diverse combinazioni di strumenti, effetti e tecniche narrative, e documentare ogni fase per analizzare quali approcci producano i risultati più efficaci. Questo processo iterativo di prova ed errore non solo arricchisce il bagaglio esperienziale, ma permette anche di sviluppare una visione critica e una sensibilità che sono indispensabili per una carriera artistica di successo. La costante ricerca di innovazione e il desiderio di esplorare nuove frontiere sono quindi elementi imprescindibili per trasformare la creatività in un flusso continuo di idee, che si traducono in opere musicali sempre più originali e coinvolgenti.

10.8 Tendenze future nella composizione musicale AI

Le tendenze future nella composizione musicale supportata dall'intelligenza artificiale si prospettano come un campo in rapida evoluzione, in cui le tecnologie emergenti e l'adozione di sistemi sempre più sofisticati continueranno a trasformare il panorama creativo. L'integrazione di algoritmi di deep learning con tecniche di elaborazione del linguaggio naturale e di sintesi sonora sta già aprendo nuove possibilità per la creazione di brani, e le prospettive per il futuro includono l'adozione di sistemi predittivi che anticipino le tendenze di mercato, offrendo agli artisti strumenti per adattare in tempo reale le proprie produzioni alle preferenze del pubblico. Un trend interessante è l'uso crescente della realtà aumentata e virtuale nella produzione musicale, che potrebbe consentire performance immersive in cui la musica interagisce con elementi visivi e interattivi, creando esperienze multisensoriali che vanno oltre la semplice ascolto. Inoltre, l'evoluzione della blockchain e delle tecnologie di gestione dei diritti d'autore promette di rivoluzionare il modo in cui le royalties vengono distribuite, garantendo maggiore trasparenza e giustizia nella remunerazione degli artisti. Un ulteriore sviluppo riguarda l'integrazione di sistemi AI che permettano la personalizzazione estrema dei contenuti, dove algoritmi sofisticati analizzano i dati degli ascoltatori per offrire versioni personalizzate di una canzone, creando un'esperienza su misura per ogni fan. Queste innovazioni, unite all'uso di strumenti di analisi dei dati sempre più avanzati, consentiranno agli artisti di monitorare in maniera dettagliata le performance delle proprie opere e di adattare le strategie promozionali in modo dinamico. Le tendenze future si estenderanno anche al campo delle collaborazioni, dove piattaforme digitali faciliteranno il networking e la condivisione di progetti, permettendo a musicisti, tecnologi e creativi di lavorare insieme su scala globale. Attraverso esercizi pratici, il compositore può simulare scenari futuri di composizione e distribuzione, testando nuove funzionalità e strumenti emergenti, e documentando come tali innovazioni possano essere integrate nel proprio workflow creativo, preparando così il terreno per una carriera che sia sempre al passo con le evoluzioni del mercato musicale digitale.

10.9 Risorse e community di supporto per artisti

Le risorse e le community di supporto rappresentano un pilastro fondamentale per gli artisti che desiderano crescere e innovare nel campo della musica, offrendo spazi di confronto, formazione e collaborazione che facilitano l'accesso alle informazioni e agli strumenti più aggiornati. In un'epoca in cui l'intelligenza artificiale e le tecnologie digitali stanno rivoluzionando il processo creativo, le community online, i forum e i gruppi di social media diventano luoghi privilegiati per condividere esperienze, chiedere consigli e rimanere aggiornati sulle ultime novità. Ad esempio, piattaforme come Reddit, Discord o Slack ospitano gruppi dedicati alla musica AI dove artisti e tecnologi discutono delle migliori pratiche, delle sfide affrontate e delle strategie di successo, offrendo un supporto continuo e prezioso. Queste community permettono di entrare in contatto con professionisti del settore, di partecipare a webinar, workshop e corsi online che forniscono formazione tecnica e artistica, e di accedere a risorse come guide, tutorial e documentazione tecnica che aggiornano costantemente le conoscenze degli utenti. Un altro strumento importante è rappresentato dai blog e dalle newsletter di settore, che pubblicano regolarmente articoli sulle innovazioni, interviste a artisti e approfondimenti su temi legati alla produzione musicale, al marketing digitale e alla gestione dei diritti. Queste risorse offrono una panoramica completa delle tendenze attuali e delle prospettive future, fungendo da punto di riferimento per chiunque desideri approfondire il proprio percorso creativo. Inoltre, molte piattaforme di distribuzione e streaming offrono anche programmi di supporto e di mentoring, che forniscono assistenza personalizzata agli artisti emergenti e li guidano nella definizione delle strategie di pubblicazione e promozione. Attraverso esercizi pratici, il compositore può partecipare attivamente a queste community, seguire corsi online e interagire con altri professionisti per creare una rete di contatti che arricchisca il proprio bagaglio di conoscenze e favorisca collaborazioni future. Queste risorse e community rappresentano dunque un ecosistema dinamico e interconnesso che supporta gli artisti nel percorso di crescita professionale, fornendo strumenti pratici e opportunità di networking essenziali per il successo nel panorama musicale digitale.

10.10 Visione a lungo termine e ispirazioni per il futuro

Avere una visione a lungo termine è essenziale per ogni artista che desidera costruire una carriera duratura e di successo nel mondo della musica, specialmente in un'epoca in cui l'intelligenza artificiale e le tecnologie digitali stanno ridefinendo il panorama creativo. Questa visione implica la capacità di pianificare progetti che non solo rispondano alle tendenze attuali, ma che anticipino le evoluzioni future, mantenendo una costante ricerca di innovazione e originalità. Un artista con una visione a lungo termine sa che il percorso creativo è un processo continuo di apprendimento e sperimentazione, in cui ogni progetto, ogni canzone e ogni collaborazione rappresentano un tassello fondamentale per la crescita personale e professionale. In questo contesto, è importante definire obiettivi chiari e ambiziosi, stabilendo piani strategici che includano non solo la produzione musicale, ma anche la promozione, la distribuzione e la gestione finanziaria. Un esempio pratico consiste nel pianificare il lancio di un album in più fasi, con singoli rilasci, campagne promozionali coordinate e partnership strategiche che amplifichino la visibilità del progetto. Allo stesso tempo, è fondamentale mantenere un'attenzione costante alle innovazioni tecnologiche, partecipando a conferenze, workshop e community di settore che offrano aggiornamenti e spunti per l'adozione di nuove metodologie. Le ispirazioni per il futuro possono derivare anche dall'osservazione delle storie di successo di altri artisti, che hanno saputo integrare l'AI e le tecnologie digitali per creare opere innovative e per costruire brand musicali riconoscibili a livello globale. Questi esempi di successo offrono modelli replicabili, ma anche spunti per sviluppare un proprio stile distintivo che si evolva nel tempo. La visione a lungo termine richiede anche una gestione oculata delle risorse e un approccio flessibile, capace di adattarsi ai cambiamenti del mercato e alle nuove opportunità emergenti, come l'utilizzo della blockchain per la gestione dei diritti d'autore o l'adozione di tecniche di marketing digitale sempre più sofisticate. Attraverso esercizi pratici, l'artista può elaborare una roadmap strategica per i prossimi cinque o dieci anni, definendo obiettivi di crescita, investimenti in formazione e strategie per espandere la propria presenza internazionale, trasformando ogni progetto in un passo verso un futuro di successo e innovazione continua. Questa visione a lungo termine diventa così il faro che guida ogni scelta creativa e imprenditoriale, stimolando la ricerca costante di ispirazioni e la volontà di spingersi oltre i limiti, per trasformare la passione musicale in un'avventura professionale duratura e appagante.

Esercizi di fine capitolo

1. Redigi un piano strategico a lungo termine per la tua carriera musicale, includendo obiettivi di produzione, promozione e distribuzione per i prossimi cinque anni. Documenta le tappe

principali e le risorse necessarie per raggiungere ogni traguardo.

2. Crea un portfolio che raccolga ispirazioni, casi di successo e trend futuri nel campo della musica AI. Utilizza questo portfolio per riflettere sulle innovazioni che intendi integrare nel tuo processo creativo e per definire una visione personale per il futuro.

3. Simula una sessione di brainstorming in cui immagini progetti innovativi che potrebbero emergere grazie alle nuove tecnologie digitali e all'AI. Documenta le idee generate, analizza le potenzialità di ciascuna e sviluppa una proposta progettuale che evidenzi come intendi trasformare queste ispirazioni in azioni concrete e misurabili nel tuo percorso artistico.

Conclusione

Il percorso delineato in questa guida ha offerto una panoramica completa e articolata delle potenzialità dell'intelligenza artificiale applicata alla creazione musicale, mostrando come strumenti innovativi come SunoAI e ChatGPT possano trasformare il modo di comporre, arrangiare, pubblicare e monetizzare la musica. Il viaggio è iniziato con l'esplorazione delle origini e dello sviluppo dell'AI nella musica, evidenziando come i primi esperimenti abbiano posto le basi per le tecnologie avanzate di oggi, capaci di apprendere da enormi dataset e di offrire soluzioni creative che integrano tradizione e innovazione. Questa evoluzione ha permesso agli artisti indipendenti di accedere a strumenti di produzione un tempo riservati a grandi etichette, abbattendo le barriere tradizionali e democratizzando il processo creativo.

Attraverso la guida, sono stati illustrati i passaggi fondamentali per sfruttare al meglio SunoAI e ChatGPT, partendo dalla generazione di contenuti e testi originali fino alla strutturazione e all'arrangiamento completo di un brano. Si è sottolineata l'importanza di una fase di brainstorming e di pianificazione accurata, dove l'idea iniziale viene declinata in sezioni ben definite come introduzione, strofe, ritornello, ponte e coda. L'approccio iterativo e collaborativo, che prevede continue revisioni e feedback, ha dimostrato di essere un metodo efficace per affinare il prodotto finale, consentendo al compositore di integrare elementi testuali e sonori in modo armonico e creativo.

L'attenzione dedicata alle tecniche di sincronizzazione, alle variazioni dinamiche e all'integrazione di effetti personalizzati ha evidenziato come ogni dettaglio, dal ritmo alla scelta degli strumenti virtuali, contribuisca a dare una firma unica al brano. Queste strategie non solo arricchiscono la qualità artistica della composizione, ma offrono anche la possibilità di sperimentare e di sviluppare uno stile distintivo, capace di rispondere alle esigenze di un pubblico sempre più esigente e globale. Il workflow proposto, che unisce l'uso di strumenti digitali per la generazione e la personalizzazione dei contenuti, con tecniche di editing e post-produzione, si configura come una metodologia completa e flessibile che può essere adattata a diversi generi e approcci musicali.

La parte dedicata alla distribuzione e promozione ha illustrato come le piattaforme digitali, dai servizi di streaming alle reti social, siano diventate alleati strategici per raggiungere e fidelizzare il pubblico. Le strategie di marketing digitale, insieme agli strumenti di analisi delle performance, permettono di monitorare l'andamento del brano, di ottimizzare le campagne promozionali e di sfruttare ogni opportunità per espandere la propria visibilità. Inoltre, il quadro dei modelli di guadagno, che spazia dalla vendita diretta alle royalties, dalle sponsorizzazioni alle collaborazioni commerciali, ha offerto agli artisti indipendenti una visione multidimensionale delle possibilità di monetizzazione, evidenziando come una gestione oculata e una diversificazione delle entrate possano trasformare il talento in un flusso di reddito sostenibile.

Il dialogo tra tecnologia e creatività emerso in questa guida ha mostrato che l'innovazione non sostituisce il tocco umano, ma lo potenzia, offrendo spunti e soluzioni che amplificano la propria espressione artistica. L'uso di intelligenza artificiale si è dimostrato un valido strumento per superare il blocco dello scrittore, per esplorare nuovi generi e per creare produzioni musicali che uniscono tradizione e modernità. Il percorso creativo presentato richiede una costante ricerca di aggiornamenti e un'attenzione particolare alle tendenze del mercato, elementi che si integrano perfettamente con la necessità di mantenersi sempre all'avanguardia e di adattarsi alle nuove tecnologie.

Questa guida ha inoltre sottolineato l'importanza di una visione a lungo termine, in cui ogni fase del processo – dalla generazione del contenuto alla distribuzione digitale – viene curata con attenzione e professionalità. La continua sperimentazione, il confronto con community di supporto e l'analisi dei dati sono strumenti indispensabili per affinare il proprio stile e per trasformare ogni progetto in un'opera d'arte completa. Gli artisti sono incoraggiati a utilizzare ogni risorsa disponibile, a documentare il proprio percorso e a sfruttare il feedback per migliorare continuamente, costruendo così una carriera solida e in linea con le evoluzioni del settore.

Il cammino delineato offre una visione integrata del mondo della musica AI, dove ogni concetto e ogni tecnica, se applicati con dedizione e creatività, possono portare a risultati straordinari e a nuove opportunità di successo. Questa guida si propone come un punto di riferimento per chi desidera intraprendere un percorso innovativo, trasformando la propria passione musicale in una carriera prospera e sostenibile, attraverso l'uso consapevole delle tecnologie digitali e dell'intelligenza artificiale.

www.ingramcontent.com/pod-product-compliance
Lightning Source LLC
LaVergne TN
LVHW022340060326
832902LV00022B/4161